KNOTS

KNOTS: Depression

초판 1쇄 발행 2017년 12월 29일

Editor
박시성 Si-Sung Park

Editorial Committee
김규호 Gyu-Ho Kim
이수련 Soo-Ryun Lee
전동욱 Dong-Wook Jeon

Editorial Advisor
장-뤽 가스파르 Jean-Luc Gaspard

Cover Image
유현정 Hyen-Jung Yu

라깡과 임상 연구센터 Center for Studying Lacan and Clinic (CSLC)
49267 부산광역시 서구 감천로 262
고신대학교 의과대학 연구동 514호
514, Laboratory Building,
Kosin University College of Medicine,
262 Gamcheon-ro, Seo-gu,
49267 BUSAN, SOUTH KOREA

펴낸이 강수걸 펴낸곳 산지니
주소 부산시 해운대구 수영강변대로 140 BCC 613호
등록 2005년 2월 7일 제333-3370000251002005000001호
전화 051-504-7070 | 팩스 051-507-7543

ⓒ라깡과 임상 연구센터(CSLC)
ISBN 978-89-6545-469-4 93180

KNOTS
Lacan and Clinic

Depression

라깡과 임상 연구센터
CSLC

Editorial

박시성 Si-Sung Park

KNOTS, 부제 라깡과 임상 Lacan and Clinic은 라깡 정신분석을 지향하는 임상과 그 이론적인 확장을 목적으로 하는 한글 학술지이다. 발간 주체는 ≪라깡과 임상 연구센터 Center for Studying Lacan and Clinic, CSLC≫로, 정신분석에 대한 학술 연구를 임상적인 스펙트럼 안에서 라깡 정신분석의 대의에 동의하고 추구하며 실천하려는 정체성과 의지에 근거한다.

학술지의 창간은 해외의 라깡 정신분석가들과 학자들에게 지지와 협력을 얻었다. 먼저 ≪파리 프로이트 대의 학교 Ecole de la Cause Freudienne, ECF≫ 기반의 New Lacanian School인 ≪멜버른 라깡 서클 Lacan Circle of Melbourne, LCM≫을 설립하여 이끌어 온 교육지도 정신분석가 러셀 그릭 Russell Grigg 선생님의 지지와 격려에 힘입었고, ≪샌프란시스코 베이 지역 라깡 정신분석 학교 San Francisco Bay Area Lacanian School of Psychoanalysis, LSP≫의 교육지도 정신분석가 라울 몬케이요 Raul Moncayo 선생님은 기 출간된 논문의 게재를 흔쾌히 승인해 주셨다. 특히 렌느2대학교 ≪정신병리 연구: 특정 장과 실천 Research in Psychopathology: specific fields and practices≫ 연구 센터장인 정신분석가 장-뤽 가스파르 Jean-Luc Gaspard 선생님은 편집위원으로 직접 참여해 주셨다. 이러한 연대는 국내 라깡주의 정신분석 임상의 심화와 확장을 지향하는 학술적인 교류를 꾸준히 이어 갈 수 있는 핵심적 기반이다.

2017년 창간호의 이슈는 우울증, Depression이다. 동시대 사람들에게는 이미 너무 쉽고 흔한 '질병'이 되어 버린 반면, 임상에서는 다양한 유형과 스펙트럼에 걸쳐 있는, 깊은 논의가 필요한 '정신현상'이다. 국내 정신의학의 보편적인 임상에서는 미국의 진단 평가 기준인 DSM에 따른 진단에 이어서 약물치료와 절충적 특성의 정신치료 등을 포함한 치료적 접근이 이루어지고 있다. 라깡 정신분석은 우울증에 대한 이런 진단과 치료에 대해 질문을 던진다.

기조 논문, 「우울증과 멜랑콜리아」에서는 프로이트의 「애도와 멜랑콜리아」에 대한 논의와 비판으로부터 멜랑콜리아에 대한 라깡적인 관점을 분석하고 제시한다. 특히 멜랑콜리아가 어떻게 라깡의 정신증적인 주체 문제가 되는지에 대해 구강기, 강박신경증, 폐제, 대상 a와 관련하여 논증한다.

임상 원저들은 정신분석적 기초에서 임상적인 고찰을 확장한다. 「욕망의 윤리와 우울」은 현시대 임상 현장에서의 구호와 진단 및 치료의 경향에 대해 정신분석적 관점에서 비판하고, 라깡이 도덕적 비겁함이라고 부른 우울의 신경증적 측면을 중심으로 논의한다. 「실존의 고통, 고양된 멜랑꼴리와 사회적 연대」에서는 멜랑꼴리 정신증이 경험하는 고통을 실존적 차원에서 임상사례를 통해서 설명한다. 방탕과 자기비난 그리고 끔찍함 그 자체가 되는 주체가 만들어 내는 사회적 연대에 대해 관한 고찰을 담고 있다. 「사랑의 병: 만성 통증과 주체의 멜랑꼴리화」는 몸에 드리운 만성 통증, 사랑과 주이상스에 직면한 여성의 위치와 관련하여 멜랑꼴리를 논의한다. 만성통증이 멜랑콜리의 황폐화에 대한 효과라는 관점은 섬유근통과 같은 정신신체질환에 대한 이해를 정신분석적으로 확장해 준다. 국내 임상 현장에서도 살펴야 할 유익한 주제이다.

인터뷰, 「우울증의 정신분석적 임상에 관하여」는 파리 프로이트 대의학교 소속의 정신분석가이자 여러 병원 환경에서 임상가로 활동한 전문의를 통해 프랑스의 임상 실제에 대해 들어 본다. 우울증에 대해 접근하는 중요한 정신분석적 관점들을 담고 있다. 주체의 위치, 증상과 정동의 측면, 입원과 약물치료, 아동 청소년의 경우, 히스테리와 관련하여 그리고 자살에 이르는 문제에 대한 폭넓은 견해를 접할 수 있다.

특집 논문, 「라깡 이론은 DSM-5에 어떻게 기여할 수 있는가? 양극성 장애의 진단 그리고 애도 대 임상적 우울증을 둘러싼 논란에 대한 논의」는 라깡의 주체 진단 구조 이론을 더욱 정교화하여, DSM의 분류에 대한 보완적인 진단적 스펙트럼을 모색한다. 증상 중심적인 기술에 근거한 방식의 DSM에 경도되어 있는 정신의학 임상의 경향에 대해 대안이 될 수 있는 정신분석적 견해로, 라깡적인 임상을 추구하는 학술지의 시작을 위해 유의한 관점을 제시해 준다.

리뷰에서는 책과 영화를 통해 우울증에 대한 사고를 확장하려 시도한다. 오늘날 우울증 진단을 남용하는 경향에 대해 비판하는 두 권의 책, 『우울증에 반대한다』와 『만들어진 우울증』에 대한 짧은 서평, 「왜 우울증에 반대하는가?」는 멜랑콜리를 예술에 영감을 주는 창조성의 원천이며 삶에 진중함을 더해 주는 특성으로만 강조하는 관점과 우울이라는 특성을 치료를 요하는 '질병'으로 진단하여 과잉 치료로 이끌어 가는 현대적인 경향에 대한 비판을 개관한다. 영화에 대한 비평, 「아브젝시옹을 위한 미학: 라스 폰 트리에의 우울 삼부작」은 멜랑콜리 주체의 삶과 죽음 그리고 규범과 욕망의 문제를 다룬 영화들을 멜랑콜리의 비참한 고통의 수사학으로 보면서 영화의 미학과 정신분석적 영화 이론의 맥락에서 생각의 확장을 시도한다.

KNOTS 첫 호에 실린 논문들의 원어는 한국어와 영어 및 프랑스어다. 주석과 제목은 원어대로 혹은 원어를 병행해서 표기하였다. 국내에서 여러 단어로 번역되어 있는 라깡 정신분석 용어들을 저자가 논의 맥락에 따라 사용한 대로 병용하고 논문에 쓰인 원어도 함께 표기하였으며, 번역 발음 또한 논문이 쓰인 원어의 발음대로 표기하려 하였다. 통일된 말보다는 다의적인 표현과 말의 맥락 그리고 원어의 문화적 특성 등을 고려하려는 의도에서다.

KNOTS는 라깡 정신분석을 근간으로 하며, 분야에 따라서는 융-복합 연구를 채택하고 정신분석과 임상에 관한 학제-간 혹은 다-학문간 연구를 지향한다. 정신분석이 아닌 여러 임상 이론이나 치료법들에 관한 단선적인 연구, 혹은 엄밀한 의미에서 개별 학문의 독창성과 그 성취에 기반을 두지 않는 단순-결합 연구는 지양한다. 라깡 정신분석 임상과 그 확장을 위한 학술의 장을 만들고 New Lacanian Schools 이나 Forums du Champ Lacanien 등 해외의 라깡 정신분석 학교들와의 교류를 넓혀 나가면서 라깡 정신분석 고유의 실천을 꾸준히 이어 나가고자 한다.

목차

Contents

우울증과 멜랑콜리아
Depression and Melancholia*

러셀 그릭 Russell Grigg**

프로이트의 대표적인 저술 「애도와 멜랑콜리아」Mourning and Melancholia는 정동장애affective disorders 연구에 중요한 공헌을 한 것으로 간주된다. 설득력 있게 주장된 텍스트로서, 주체가 그 혹은 그녀 자신이 상실한 것이 무엇인지를 아는 애도와, 상실이 가진 무의식적 근원의 장소와 상실의 진정한 본질이 주체에게 알려지지 않는 멜랑콜리아를 구분하여 다룬다. 프로이트는 멜랑콜리아 현상에 대한 신중한 관찰과 이에 대한 구조적 분석을 통해서 정동장애 즉 현재 사용되는 여러 유형의 '우울증'에서부터 클레랑보 증후군이 '열정 정신병passional psychosis'으로 알려져 왔던 데 이르기까지에 대한 우리의 견해를 변화시키는 데 기여하고 있다.[1]

---

* 이 논문은 저자의 출간된 글 「멜랑콜리아와 버려지지 않은 대상」의 다른 버전으로, 저자의 기고를 받아 번역 게재하였음. This papers is another version of the article, *Melancholia and the Unabandoned Object. In Madness Yes You Can't: Lacan's Take on Insanity.* Ed. by P. Gherovici and M. Steinkoller, New York: Routledge, 2015.
** 교육지도 정신분석가, 디킨대학교 철학 및 정신분석학 교수, 멜버른 라깡 서클 설립 및 초대 회장, 라깡과 임상 연구센터 수퍼바이저

프로이트의 짧지만 출중한 이 저술은, 내가 이 글에서 다루고 있는, 풀리지 않은 많은 질문들을 제기하고 있지만, 프로이트의 분석에는 추가 질문뿐만 아니라 심각한 문제들이 있다는 것도 분명하다. 특히, 나는 애도와 멜랑콜리아 사이의 비교와 대조가 근본적으로 잘못된 것이라고 생각한다. 가장 주된 문제는 프로이트의 분석이 주체가 무의식적으로 애착된 대상의 상실로 인해 멜랑콜리아가 발생한다고 결론 내린다는 것이다. 나는 그 반대가 진실이라고 주장한다. 멜랑콜리아의 반응은 상실했어야 하는 대상 상실의 실패로 인한 대상의 근접proximity 때문에 발생한다. 멜랑콜리아의 곤경은 라깡이 '황폐화하는ravaging' 대상이라고 말한, 침습적인 대상의 근접에 있다. 이 단어를 난파한다는 고전적 의미로 사용한다면, 대상은 파괴와 황폐를 야기하면서, 주체가 그/그녀 자신과 거리를 둘 수 없는 데서부터 그/그녀가 끊임없이 먹잇감이 되는 데까지의 대상이다. 나는 이 관점에 여러 장점들이 있다고 생각하며, 특히 중요한 한 가지에 대해 언급하고자 한다. 황폐하게 하는 대상은, 일종의 변형된, 박해하는 대상과 유사하다. 좁은 의미의 멜랑콜리아가 필시 정신병의 한 형태이기 때문에 그렇다.

'우울증' 아닌, '멜랑콜리아'

'멜랑콜리아'는 크레펠린이 '갱년기 우울증involutional melancholia'이라는 이름하에 근대 정신의학에 새로운 임상범주로 도입했을 때부터 이미 오래되고 익숙한 용어였지만, 1913년 그의 교과서 제8판 최종본의 분류 체계에서는 사라졌다.[2] 현대 정신의학계는 이 용어의 유용성을 두고 의견이 분열되었다. 현재 '우울증'은 임상에서 매우 광범위하고 산만하게 사용된다고 인식되는 용어이다. 다음과 같이.

임상실제에서 우울증은 정상적인 사람의 감정인데, 너무 장기간이거나 너무 심하게 지속되는 때는 병적 상태로, 혹은 경증이거나 중증일 수 있는 정신병리적 증후군으로 기술한다. 임상적 우울삽화는 부정적인 생활사건과 관련되기도 하고 혹은 특정한 원인 없이 주체를 공격할 수도 있다고 정의된다. '우울증'을 의학적 진단으로 받아들이는 것은 '감염'을 임상의학의 명확한 진단용어로서 받아들이는 것과 같다.[3]

'멜랑콜리아'가 더 정확한 의미를 가지기 때문에 '우울증'보다 선호된다고 주장되었다. 예를 들면, 테일러와 핑크는 멜랑콜리아를 "모든 인지 과정에 영향을 끼치는 전반적이고 그치지 않는 걱정과 침울, 그 결과 초래되는 흥미 상실, 집중력 감소, 기억력 저하, 사고력 저하, 실패감과 낮은 자존감, 그리고 자살에 대한 생각"을 특징으로 하는 기분의 핵심 병리라고 기술한다. "기분, 운동 기능, 사고, 인지, 지각 및 많은 기본적인 생리학적 과정을 변화"시키는 것은 반복적이고 쇠약해지는 상태이다.[4] 정신분석이 멜랑콜리아에 부여하는 더 정확한 설명은, 멜랑콜릭의 비난, 죄책, 자기비난을 포함하여, 모호한 용어 '우울증'이 훨씬 더 미흡함을 의미한다.

프로이트는 모든 정신병리에 구조적인 분석을 제공하는데,

멜랑콜리아에 대한 구조적인 분석은 여러 이유로 특히 중요하다. 첫째, 멜랑콜리아는 우울증의 심한 유형 그 이상이다. 일반적으로 우리는 정신질환을 증상의 중증도에 따라 진단하는 DSM 및 기타 현대적 접근방식들에 의한 현행 임상에 대해 주의할 필요가 있다. 이는 멜랑콜리아를 다루는 데서 특히 중요한데, 우울증의 유형들 및 우울증과 유사한 상태를 중증도 그리고/혹은 지속기간을 기반으로 분류하는 것은 모두가 대략적으로 같은 정신병리를 가지고 있다고 가정하기 때문이다. 이런 접근방식은 멜랑콜리아에 대한 흥미로운 질문들을 애매하게 만들어 버리는데, 더 이상 멜랑콜리아를 다른 우울장애와 구별된 상태로 보지 않고 오히려 구조적으로 구별되지 않는 하나의 질병 단계로 본다. 즉 멜랑콜리아를 다른 우울증들처럼 중증도를 측정하는 척도 상에 두고서, 단지 가장 고도로 심한 중증 우울증이라고 간주한다.

DSM의 전제에 따르면, 경증 및 중증 상태들이 같은 기저 상태의 발현들이며, 우울증에 대한 접근에도 예외가 없다. 그 결과들 중의 하나이자 심지어 그것에 대한 저변의 동기는 임상실제에서 하나의 표준 치료패턴으로 이어지는데, 전형적으로는 약물과 관련되어 있다. 우울증 진단을 위해서는 DSM-IV-TR에 제시된 주요우울장애 진단기준을 충족시켜야 한다고 권고된다. 그러나 경도 우울삽화(DSM-IV-TR에 따르면, 2주 혹은 그 이상 지속되는, 우울증 증상이 5가지 미만인 경우) 또한 주요 우울증과 마찬가지로 부정적인 생활사건에 의해서 발생하거나 이와 연관되어 있다고 보기 때문에, 점진적으로 '경계 크리프boundary creep'가 있어 왔다는 것은 놀랍지 않다. 서로 상이할 수 있는 상태들이 같은 방식으로 치료

되었을 뿐만 아니라 심각한 우울증에만 권장되는 항우울제의 사용이 경도의 우울삽화에까지 점차 확대되고 있다.[5] 실제 임상현장에서는 증상이 더 심할수록 더 고용량을 처방하는 비공식적인 관행이 있다는 인상도 받게 된다. 중증도가 다른 상태에 대해 서로 다른 종류의 약물을 사용할 가능성은 암묵적으로 배제된 것으로 보인다. 다른 치료형태들이 배제되는 것은 말할 것도 없다. '가벼운 우울증'이라고 불리는 것이 약물을 필요로 한다고 여겨질 때 이것이 제약 산업에 이득이 되는 접근방법이라고 해설되지는 않는다. 그러나 항우울제를 처방받는 많은 사람들은 어떤 표준 진단기준에 부합하는 우울증도 아니며, 따라서 적합하지도 않은 다양한 약물들을 처방받고 있다는 증거는 많다.

우울증의 유형들 모두를 최소 수준에서 심각 수준까지의 단일한 스펙트럼에 배치할 수 있다고 가정하여 유형들 간의 차이들을 없애 버리는 것은, 치료에 대한 생물학적이고 약물 중심적인 접근법의 관점에서 보더라도 그 오류들을 부분 설명 가능하다. 예를 들어, 우울증으로 진단된 환자군 중 약물치료에 저항성이 있어서 전기경련요법ECT에 의뢰되는 경우가 있는데, 마찬가지로, 전기경련요법 치료에 반응하지 않는 환자군도 있다. 이들 '우울증' 사례들에서 중요한 근본적인 차이 여부를 아는 것은 흥미로울 것이다.

멜랑콜리아가 정신증의 한 유형이라고 주장하면서, 프로이트와 함께, 신경증과 구별되고 단순히 주요 우울증의 심각한 유형이 아니라고 구조적으로 분석한다면, 우리는 우리 자신의 임상적 작업들에 대해 더 잘 이해하고, 또한 심지어 약물을 사용하는 치료들까지 포함한 다른 유형의 치료들에게도 기여할 수 있을 것이다.

애도

「애도와 멜랑콜리아」는 프로이트의 보다 우아한 글 중 하나이며, 그 논증은 가장 설득력 있는 글들 중의 하나라고 입증되었다. 애도 또는 비탄grieving이나 사별bereavement의 현상을 통한 멜랑콜리아 분석에 대한 그의 접근은 "유레카!", "당연히! 어떻게 그렇지 않을 수 있나?" 같이 사람들을 번뜩이게 한다.

그러나 프로이트의 가장 영향력 있는 저술 중 하나이며 가장 널리 연구된 논문 중 하나인 한편, 솔직히, 수수께끼 같은 것들이 있다. 내가 여기서 그 본문을 논하는 것은, 충분히 논의된 적이 없어 보이는 것들이 있기 때문이다.

놀라운 것은 애도에 대한 프로이트의 논의가 심리적 특징에만 초점을 두고 있으며 애도의 의례적인 측면을 거의 무시하고 있다는 사실이다. 반면, 의식ritual은 애도 과정에 필수적이다. 시인 오든은 상주의 비탄에 대한 유명한 시를 쓸 때 이에 대해 알고 있었다. "시계를 모두 멈춰라, 전화도 끊어라", 애도의 이런 '관례'로 시작하는 이 시는, 이내 슬퍼하는 자의 개인적인 비탄을 공공적인, 애도의 의식적인 속성에 대한 묘사로 엮어 낸다.[6]

의식화된 애도의 관행은 너무나 현저한 것이어서, 명사형 '상주mourner’는 개인적인 슬픔에 대해서는 말하지 않거나 적어도 간접적으로만 말한다. ‘상주’란 무엇보다도 의식을 수행하는 사람을 지칭한다. 그는 흔히 종교적 규범 혹은 대중적 관습에 따라 규정된 방식으로 장례식에 참석하고 있는 사람이거나 ‘상중’이라고 알려진 사람이다. 애도는 검은 색을 입어야 함을 의미할 수도 있고, 2주 혹은 40일 동안 지속될 수 있으며, 애도기간 또한 대체로 정확히 계산된다. 심지어 일부 문화권에서는 고인을 존중하기 위해 슬픔을 공개적으로 보여 주고자 전문 문상객들을 고용할 수도 있다. 어쨌든, 애도의 관행이란 개인적인 슬픔의 정도를 나타내는 지표이기보다는 대체로 고인에 대한 존중의 표시로 수행되는 의식이다. 비탄의 표현을 고도로 의식화할 수 있는 사람에서는 개인적인 슬픔의 지표는 적다. 반면 감정을 너무 크게 드러내는 경우는 오히려 의심스럽게 받아들여진다. 오펠리아의 묘소에서의 레어티스를 생각해 보라. 또한 애도의 관행이 명확하게 제한되어 있지 않은 경우에도 여전히 애도와 관련된 행위에 대한 타당성이 고려된다. 격분한 햄릿이 “절약, 절약, 호레이쇼! 장례식에서 구운 고기를 / 차디차게 결혼식 식탁에 차렸지.”라고 말했듯이.

애도의 의식들을 지키는 것이 왜 그렇게 중요한가? 부분적인 대답은, 애도되는 대상에 대한 사랑이 그 사람의 존엄성에 대한 존중을 요구할 수 있다는 것이다. 고인에 대한 사랑에 대한 질문만이 아니다. 애도는 타자에 대한 감정과 정서적인 관계에 관한 것뿐만 아니라 한 사람으로서의 인간에 대한 존중에 관한 것이다. 그러나 더 면밀하게 분석해 본다면, 애도는 다른 한편으로는 살아남은 자로서의 우리의 나르시시즘이라는 역전된 형태로 우리에게 반사된 대타자를 덮고 있는 가면은 아닐까? 이것은 프로이트가 「애도와 멜랑콜리아」에서 기술한, 살아 있다는 쾌락이 대상의 상실을 보상하고 그래서 애도의 극복에 기여한다는 의미일까? 혹은, 다른 한편으로, 다른 무언가를 표지하는가? 우리가 애도할 때 우리는 상실로 인한 나르시시즘적인 고통을 당하는, 즉 프로이트가 언급하는 '자기애적 상처narssisictic wound'를 입은 것일 뿐만 아니라, 떠나가 버린 사람에 관한 기억에 대해 도덕적인 애착—혹은 헌신—까지도 가지고 있는 것일까? 마치 우리가 사랑했던 대상을 기념하기 위해 헌신하는 것처럼? 나는 아래에서 이 주제로 돌아오겠다.

오든의 시는 비탄의 나르시시즘적 차원을 매우 정확하게 제시한다. 즉 슬픔이 너무 커서 온 세계가 멈추어서 상실한 자에게 주목해야만 한다는 비탄이다. 이 시는 감상적일 수 있고 또 그렇게 보여 왔을 수 있지만, 그 정도에 불과하게 본다면 이 시의 어떤 미묘함을 놓치게 된다. 오든 자신은 감상주의자가 아니었다. 그는 사랑의 아름다움과 매력을 인정하면서도 사랑에 대한 환영illusion 없이, "내 사랑이여, 그대의 잠든 머리를 눕혀라 / 인간을, 믿음성 없는 내 팔에"라는 시구로 시작하는 「자장가Lullaby」라는 시를 썼다. 그의 시는 근심스럽고, 성가시게 하며, 불편하고, 슬프면서도 고뇌한다. 애도에 대한 그의 시—더 정확하게는 애도의 시—에서는 사랑의 대상에 대한 과대평가에서 비탄의 나르시시즘적 측면을 드러내 보여 준다. "세상은 소중한 것을 잃었다." "모든 시계를 멈추어라." "위대한 것의 파괴는 더 위대한 균열을 만들어야 한다." "세상을 멈추게 하라." 아래에서 이 나르시시즘의 주제로 돌아오겠다.

그렇지만, 비탄에 빠진 상주가 슬픔을 가눌 수 없을지라도, 상실이 고통스러울지라도, 자존감이 떨어지지는 않는다는 데 주목하자. 그는 죄책감을 느끼지 않는다. 그는 자신의 고통에 대해 세상, 신, 운명, 불운—어떤 것이든—을 탓하지만, 자신을 비난하지는 않는다. 이것은 애도의 심리학과는 상충하는 것으로 보이는데, 가장 두드러진 특징 중 하나는 종종 우울이며, 심지어 퀴블러-로스의 애도 모델 다섯 단계 중 하나로서 알려지기도 하였다. 이것은 용어 '우울증'의 단점들을 보여 주는 또 다른 예시일 뿐이다. 애도자의 '우울증'은 그/그녀의 관심과 리비도의 투자를 세계로부터 철회해 버린 자의 우울증이다. 이것은 애도하는 주체의 특징적인 무기력listlessness과 내향introversion으로, "이제는 별들도 필요 없어", 그리고 달도 치워 버리고 태양도 소멸시키며 숲도 쓸어내어 버릴 수 있다는 사람을 위한 것이다. 이 우울증은 멜랑콜릭의 심장에 있는, 자신을 향한 공격적인 공격이나 자아의 가혹한 처벌과는 구별된다. 사르트르는 멜랑콜릭에 대해서만은 잘못 생각했다. 지옥은 "타인들"에 있지 않다. 진짜 지옥은 안식처에 훨씬 더 가까운, 자신의 심장 깊은 곳, 진정으로 출구 없는 곳에 있다.

프로이트는, 애도에서 리비도가 대상에게 속박되어 있는 각각의 기억들과 기대들이 꺼내져서 과잉 부착됨으로서 애도가 끝날 때, 리비도가 거기서 분리되고, 자아가 "다시 자유롭고 억제에서 벗어날" 수 있다고 주장한다.[7] 이것은 명백히 잘못된 언급이어서 프로이트가 그렇게 작성했어야만 했던 데 대해 궁금해진다. 애도는, 기념일과 같은 특별한 순간에 다시 떠오르기 쉬운, 사랑했던 사람에 대한 고통스런 추억의 형태로 흔적을 남긴다. 가장 예기치 않은 것들, 즉 영화, 옷 한 점, 휴일의 기억, 심지어 새로운 사랑과 함께 관련되어 기억이 출현할 수 있는 것처럼. 상실한 대상은 결코 완전히 사라지지 않는다. 한때 사랑했다가 상실한 대상은 결코 흔적을 남기지 않은 채 버려지지 않는다. 여전히 프로이트를 따른다면, 애도에는 상실한 대상과 관련된 기억에 대한 애착에서 철회하는 느리고 고통스러운 과정 그리고 '이전 상태status qua ante'로의 회귀가 연관되어 있다. 그러나 이는 분명히 오류이다. 정상적인 애도에서조차도 상실한 대상은 그 그림자를 자아에게 항상 던진다. 비록 정상적인 애도 과정이 끝나서 대상의 영향으로부터 벗어나 다시 살며 사랑하는 데 자유로워졌다 해도, 자아는 상실한 대상의 표식을 결코 완전히 상실하지는 않는다.

프로이트는 1920년에 자신의 다섯 번째 아이 소피가 스페인 인플루엔자로 26세의 나이에 비극적인 죽음을 맞았던 시기에, 사랑했던 대상을 상실했을 때 그 대상은 결코 완전히 떠나보낼 수 없고 대체할 수도 없이 남아 있다는 것을 인식했다. 실제로 그는 그 대상을 계속 살아 있게 하는 이유가 대상에 대한 사랑 그 자체라는 것을 인정했다. 그해 2월 4일, 그는 페렌치에게 자신의 '회복할 수 없는 자기애적 상처'에 대해 편지를 썼다. 몇 년이 지난 1929년 4월 11일, 유사한 상실을 경험한 루드비히 빈스

방거를 위로하는 편지에서, 프로이트는 다음과 같이 말했다. "우리는 이러한 상실 후에 우리가 느끼는 급성 비애가 자연히 사라질 것이라는 것을 압니다. 그러나 또한 우리는 위로할 길 없이 남아 있게 되고 대체물을 결코 찾을 수 없다는 것도 압니다. 무엇이 그 자리를 차지할지라도, 설령 그 자리를 완전히 채우더라도, 거기엔 다른 무엇이 남아 있습니다. 그리고 마땅히 그렇게 되어야 합니다. 그것이 우리가 포기하고 싶지 않은 사랑을 영속시키는 유일한 길입니다."[8]

프로이트는 "그리고 마땅히 그렇게 되어야 합니다."라고 말한다. 애도는 인생에서 대상의 존재를 가져오지도 끝내지도 않으며 또 그렇게 해서도 안 된다. 오토 컨버그는 상실한 대상을 애도하는 과정은 상실된 사람에 대한 그리고 그 또는 그녀와의 관계에 대한 영속적인 추념과 밀접히 연관되어 진행될 수 있다고 설명한다. 즉, 그의 말에 따르면, 상실한 대상과의 동일시가 아니라 그 대상의 부재 상태에서 내적인 관계를 설정하는 것이다.[9] 그것은 마치 그 사람에 대한 존경심 그리고 그 또는 그녀에 대한 애착과도 같이, 대상에 대한 애착의 기억을 유지하는 데 열중하여 애도의 정신적 작업을 오래 남겨 두게 된다. 괴테는 이렇게 썼다. "우리는 두 번 죽는다. 먼저 우리가 죽을 때 그리고 우리를 알고 사랑하는 사람들이 죽을 때." 그리고 우리가 상실한 사랑했던 사람의 표식을 우리 영혼에 지니고 있는 것은 살아 있는 기념비로서이다.

상실한 사랑했던 사람에 대한 영속적인 기억이 어느 정도는 괴로운 것이기 때문에, 상실로 인해 고통을 겪은 사람이 자신의 상실을 잊고 싶어 한다는 데는 의심의 여지가 없다. 나아가, 상실을 거치면서 경험되는, 슬픔, 후회, 고통은 자신의 자존감에 어떤 영향을 받지 않고도 경험될 수 있다. 사랑했던 사람의 상실로 인해 자신의 삶이 궁핍해질 수 있지만, 자신의 가치에 대한 감각이 감퇴되지는 않는다.

멜랑콜리아

많은 분석가들은 분석 초기—첫 3개월 혹은 조금 더 지난 무렵—에, 걱정스러울 정도로, 때로는 급격히, 피분석자의 상태가 악화되는 경험을 하곤 한다. 나는 다음과 같은 시나리오가 드문 것이라고 생각하지 않는다. 한 사람이 '우울증'의 병력으로 당신을 보러 온다. 그 또는 그녀는, 때로는 수년간, 때로는 심지어 청소년기부터, 항우울제를 복용해 왔다. 이 약물은 대체로 의사에 의해 처방되고 관리된다. 처방약이든, 메스암페타민—어쩌면 대마초, 그러나 흥분제일 것 같다는 예감을 갖게 하는—과 같은 금지약물이든, 물질남용의 병력이 있을 수 있다. 그 또는 그녀는 일하고 공부하고 관계를 맺을 수 있다는 점에서 상당히 생산적일 수 있다. 비록 그 또는 그녀가 우울증의 병력을 가지고 오더라도, 이 진단의 모호함과 유병률로 볼 때 그 자체만으로는 어떤 결론을 내리기에 현명하지 못하다. 그 또는 그녀는 입원했던 적이 있을 수도 있는데, 이는 청소년기 혹은 어쩌면 자살시도 이후였을 수도 있다. 병원에 머무는 동안 이 사람은 '우울증' 또는 어쩌면 '경계성 인격 장애'로 진단 받았을 것이다. 이 입원이 다시 반복되지 않는 것은 드문 일이 아니다.

그러한 환자의 배경은 다양하지만, 분석에서의 행동양식은 매우 유사하다. 즉, 전이가 발달함에 따라 환자상태의 놀라운 악화와 결합된, 치료에 대한 꾸준한 준수adherence다. 분석 자체에서는, 훌륭한 환자다. 그 또는 그녀는 열심히 일하고, 분석에 충실하며, 분석에서 자신이 하는 작업을 구원의 유일한 수단으로 보는 지점까지 분석을 '믿는다.' 부작용 때문에 싫다고 말하는 약물에 대해 종종 환멸을 느끼는데, 마찬가지로 약물 없이 살 수 없다는 데 수반되는 정신질환의 낙인에 대해서도 불만스럽다. 다시 잘 될 큰 욕망을 가지고 있으며, 분석이 자신을 위해 이를 성취할 것이라는 생각을 굳게 유지한다.

그리고는, 분석이 진행됨에 따라 점점 불편해지고, 말하자면 증상이 심해진다. 세션의 빈도를 늘인다고 차이를 만들 수 있어 보이지 않으며, 분석이 최악의 '행위로의 이행passage à l'act'을 피하는 데는 도움이 될 수 있는 반면, 자기비판과 자기혐오는 점차 증가하면서 전면에 나타난다. 간혹—다행히도 그렇게 흔한 건 아닌데—환자가 입원해야 할 필요가 있을 정도까지 상황이 매우 나빠질 수 있다.

분석에 대한 이런 반응은 다행히도 드물다. 예상치 못한 일이지만 알려지지 않은 것도 아니다. 우리는 이런 반응을 어떻게 이해해야 할까? 환자상태가 악화되는 시기와 진척은 그것이 전이의 리비도화에 의한 결과임을 암시할 수 있다. 멜랑콜릭의 대상 선택이 쉽게 얻고 쉽게 버린다는 점에서 자기애적이라는 프로이트의 관찰을 부가한다면, 해결책을 가지게 된다고 생각한다. 나는 아래에서 이 주제로 돌아오겠다.

실제로, 직접적인 관찰에 따르면, 환자상태의 악화는, 대상 '상실'에 의해서가 아니라 전이에 있어서의 리비도적인 대상의 '근접'과 동시에 발생한다. 전형적으로 우울한 반응은 대상의 상실과 함께 끝 시점에서 발생해야 하는데, 여기서는 대상을 얻는 시작시점에서 발생한다. 인상적인 것은 멜랑콜리아의 전형적 증상들이 대상을 상실한 시점이 아니라 (전이에서의) 새로운 대상에 대한 애착이 일어나고 있는 시점에서 발현된다는 점이다.

이 사례들이 프로이트가 기술한 부정적 치료 반응negative therapeutic reaction의 사례인가? 그렇다 그리고 아니다. 프로이트가 설명했듯이, 죄책감에 대한 무의식적인 감각에서 기인한다는 부정적 치료 반응은 치료 중에 다양한 방식으로 나타날 수 있으며, 단순히 분석의 과정에서 일어나는 환자 증상의 악화로만 나타나는 것은 아니다. 프로이트의 관찰에 따르면, 환자가 부정적 치료 반응에 휘말려 증상이 악화될 때, 분석가의 입장에서 분석 작업에 대해 만족한다는 어떤 표시가 증상의 악화와 마주치게 된다는 의미에서, 그녀가 역암시적이기 때문이다. 이는 마치 부정적 치료 반응이 전이에 의해 생성된 반응이고 여기에 요구되는 모든 것은 분석가의 냉정하거나 무관심한 태도인 것처럼 들린다. 그러나 이는 그렇지 않다. 프로이트가 관찰한 것처럼, 피분석자 또한 분석 자체의 생산적인 작업에 똑같은 방식으로 반응한다.

프로이트의 관점에는 주의해야 할 지점이 있다. 적어도 하나의 부정적 치료 반응과 멜랑콜리아 사이에 밀접한 연결이 나타난다고 그가 관찰한 것인데, 이 멜랑콜리아는 죄책감에 대한 무의식적인 감각이, 그의 표현으로는, '빌린' 것처럼 나타날 때, 즉 에로틱하게 애착되었던 사람에 대한 동일시, "종종 버려진 사랑 관계의 유일한 흔적이지만 결코 그렇게 인식하기 쉽지 않은"[10] 동일시의 결과일 때 발생한다. 이런 과정과 멜랑콜리아에서 일어나는 현상에 명백한 유사점이 있다는 프로이트의 논평은 혼란스러운데, 두 가지가 왜 유사한지에 대한 설명을 하지 않기 때문이다. 게다가 프로이트는 주장하기를, 적어도 버려진 대상에 대한 기저의 애착을 용케 밝혀낸 곳에서, 그러한 개인들과 '훌륭하게' 성공했다고 주장하는데, 이는 내가 분석 치료에 특히 저항성이 있다고 언급하고 있는 사례들과는 상반되는 결과다. 이러한 논평들은 우리를 이전의 질문으로 되돌려 놓는다. 분석에서 하향곡선을 타는 특정 유형의 환자 그리고 이어지는 치료 저항성에 대한 우려인데, 이는 사실상 멜랑콜리아가 아마 정신증적일 것이라는 지표이다.

멜랑콜리아와 구강기

그러나 우리가 그 경로를 따라 살펴보기 전에 조금 더 나아가 하나의 주제를 탐색해야 하는데, 이는 프로이트가 자신의 제자이자 협력자였던 칼 아브라함과 수년간 토론한 결과를 채택한 것이다. 나는 두 저자 모두 멜랑콜리아의 구성에서 구강기의 역할을 중요시하는 데 주목한다. 멜랑콜리아의 형성에서 구강 단계의 역할에 대한 논의의 중요성은 상실한 대상에 대한 멜랑콜릭 주체의 관계에 있어서 또 다른 특성을 포착하려는 시도라는 데 있다. 프로이트가 상실에 대한 멜랑콜릭의 반응에 특유한 것을 발견하고자 하는 것이 여기 이 관계에 있는데, 한편으로는 이 반응이 왜 애도와 다른지를, 그리고 다른 한편으로는 왜 강박 신경증에서 펼쳐지는 것과 다른지를 명확히 밝혀 보려는 기대에서다.

프로이트는 「성욕에 관한 세편의 에세이Three Essays on Sexuality」의 초판(1905)과 두 번째 판(1910)에서 구강적 에로티시즘을 묘사하였지만, 세 번째 판(1914)에서만 항문기 이전의 실제 구강적 또는 '식인적인' 시기에 대해 말한다. 그는 이 시기에 대한 자신의 이해를 심화하고 늑대인간에 대한 연구를 더 정교화하여 1914년 11월에 부록으로 완성하였다. 따라서 프로이트는 1915년 2월에 「애도와 멜랑콜리아」의 첫 번째 초안을 작성하고 그해 5월 4일에 완성하였을 때, 그는 이미 구강적, 식인적 단계에 대한 상세한 이해를 가지고 있었다. 프로이트는 「애도와 멜랑콜리아」에서 이렇게 기술한다. 구강기는 대상 선택의 최초 단계이며 따라서 자아가 대상을 선택하는 첫 번째 방법이다. 대상을 자신 속에 함입시키려는 시도를 통해서, 그리고 리비도 발달의 구강적 혹은 식인적 단계에 일치하게 이루어지는데, 이는 먹어 치우는 것을 의미한다. 같은 관점이 「본능과 그 변천Instincts and Their Vicissitudes」에도 표현되어 있는데, 프로이트는 그 대상의 함입이 사랑의 '예비 단계' 혹은 '대상의 분리된 존재를 폐지하기에 일치되는 사랑의 유형'이라는 견해를 되풀이한다.[11]

논점은, 구강적 함입이 대상에 대한 공격적이고 파괴적인 공격이라는 클라인의 강조 같은, 구강기에 대한 후기 견해는 프로이트의 관점이 아니라는 점이다. 프로이트는 대상의 운명에 대한 무관심이 자아의 태도에 대한 더 정확한 설명이라고 생각했는데, 이는 공격적인 공격과 파괴의 개념이 아니다. 내 생각에는, 「본능과 그 변천」에서, 함입을, 용어의 진의인 사랑과 증오가 아니라, 무심하거나 무관심하다고 말할 수 있는 원시적인 사랑의 형태라고 언급한 데서 입증된다.[12]

프로이트는 공격적인 충동들impulses을 일차적이라고 생각하지 않았다. 그는 대상을 향한 공격성과 살인에의 충동을, 그 대상을 함입하고자 하는 욕망과 그로부터 파생된 이차적인 것으로 보았고, 가학적 충동을 멜랑콜리아가 아닌 강박신경증에 특정한 것으로 관련지었다. 「새로운 정신분석강의New Introductory Lectures」에서, 강박증자의 가학증을 언급할 때, 그것이 대상에 대한 사랑의 위장된 형태라고 지적한다. 그에 따르면, "'나는 너를 죽이고 싶다'는 강박 관념은, 실제로는 '나는 너를 사랑하며 즐기고 싶다'는 것에 지나지 않음을 의미한다."[13] 몇 번이고 되풀이해서 그는 구강적 함입과 구강적 환상에 대해 에로틱한 차원을 강조한다. 반면, 살인에의 충동이 오이디푸스적 경쟁자를 향할 때 그들은 사랑하는 대상에 대한 독점적인 접근을 향한 욕망에 의해 동기를 부여받는다. 프로이트의 어떤 언급에서도 일차적인 공격성 또는 가학적인 충동에 대한 표현을 찾을 수 없다.

프로이트의 멜랑콜리아에 대한 설명은, 자아에서의 대상과 그것의 투자로부터 리비도의 무의식적인 철회에 연관된 과정, 즉 나르시시즘적인 동일시 개념에 의존한다.

멜랑콜리아와 정신증

이 사례들은 정신병 사례로 보인다. 내 생각은 그 사람들에게 기저에 정신증이 있으며 그 반응은 전이 때문이라는 것이다. 그렇다면 이 반응이 정신병적인지 아닌지 의구심이 들 때, 부정적 치료 반응을 탓해도 도움이 되지 않는다. 또 프로이트가 생각하는 것처럼 멜랑콜릭이 초자아의 병으로부터 고통을 받고 있는 것인지도 의구심이 든다.

프로이트는 정신증적 전이의 중요성을 결코 이해하지 못했다. 그는 정신증이 분석가와 전이적인 연대를 형성하지 못하기 때문에 분석에 적합하지 않다고 생각했다. 우리는 이것이 오류임을 안다. 정신증도 전이를 형성하지만, 신경증적 전이와는 다를 뿐이다.

프로이트 이후 우리의 임상경험이 확장된 분야 중 하나는 프로이트가 결코 하지 못했던 정신증과의 작업으로부터 얻은 경험이다. 프로이트는 애도와 멜랑콜리아 사이의 명백한 유사성에 대해 연구하지만, 우리는 신경증과 정신증 사이의 구조적인 차이를 채택할 때에만 멜랑콜리아에 대해 이해할 수 있다. 멜랑콜릭의 입장에서 전이에 대한 반응은, 내 생각에는, 전이에 대한 멜랑콜릭의 반응에서 매우 중요한 것이 대상의 상실이 아니라 대상의 존재 자체라는 것을 보여 준다.

프로이트는 멜랑콜리아도 애도처럼 대상을 상실하였다고 기술하지만, 차이는 '누구'를 상실하였는지는 알려진 반면 '무엇'을 상실하였는지는 알려지지 않는다는 것이다.[14] 하지만, 전이에 대한 비전형적인 반응이 대상의 근접에 의해서 생성된다면, 이는 멜랑콜리아가 대상의 '상실'에 관한 문제가 아님을 시사한다. 대상의 상실로 인해 발생하는 애도는 멜랑콜리아의 모델로서는 그릇된 것이다. 멜랑콜리아는 결코 상실에서 비롯된 것이 아니며, 혹은 적어도 우리가 애도에서 발견하는 종류의 상실로부터 발생한 것은 아니다.

우리는 아래의 하나의 주된 예외를 제외하고는, 자기에 대한 공격적인 공격과 자아의 무자비한 처벌이 멜랑콜리아에 특유하며 애도에서는 나타나지 않는다는 것을 안다. 멜랑콜리아에서 자존감의 상실은 자신이 가치 있고 기특한 인간이라는 나르시시즘적인 환영의 상실이다. 멜랑콜릭은 살아 있는 것이 죽음보다 나쁜 운명일 때 자신이 살아 있는 것은 불행이라고 여긴다. 프로이트는 자아가 버려진 대상을 동일시함으로서 초자아에 의해 가혹하고 잔인한 처벌을 당하는 것이라고 추론하면서, 자기비판이 실제로는 다른 사람을 향한 것이라는 유명한 언명을 한다. 그는 더 나아가 그 대상에 대한 강한 애착은 역설적으로 그것을 포기할 준비상태와 결부되어 있기 때문에, 그 대상이 나르시시즘적인 모델로 선택되는 것이라고 주장했다.

대상과의 이러한 나르시시즘적인 동일시가 중요하다는 것은 대상에 대한 이전의 에로틱한 애착을 대체하기 때문이라고 알려져 있다. 그러나 프로이트의 해석이 설명하지 못한 것은 왜 자아에 대한 비판의 흉포함이 그만큼 강렬한가에 대한 것이다. 이에 대해서는 명확히 설명되어야 할 필요가 있는데, 멜랑콜리아에 그토록 특이적이면서 멜랑콜리아에 대해 혼란스럽게 하는 것이기 때문이다. 프로이트에게는 자아에 대한 공격이 실제 상실한 대상에 대한 공격이지만, 이러한 공격이 '왜' 그렇게 철저히 흉포한지는 알지 못한다.

자아의 나르시시즘적인 투자, 혹은 보다 정확하게 재투자는, 수치심의 부재와 멜랑콜릭이 반복적으로 자신의 무가치함을 재차 주장하는 집요함에 의해 더욱 분명하게 나타난다. 그러나 나르시시즘의 붕괴의 일종인 자기비판은 다르다. 잠재적으로 치명적일수도 있는 가장 위험한 것일 뿐만 아니라 가장 역설적이고 설명하기 어려운 측면이기도 하다. 이제 상실한 대상에 대한 비판의 표적이 되는 자아에 관해서는 설명할 수 없다. 상실한 대상을 겨냥한 비판은 종종 애도에서도 나타나지만, 결코 자아에 대한 파괴적인 공격의 참혹한 수준까지 도입하지는 않는다.

프로이트는 이를 알고 멜랑콜리아의 메커니즘에 두 번째 차원을 추가한다. 그가 지적한 것처럼, 대상에 대한 퇴행적 동일시는 '양가성ambivalence의 영향하에서의 사디즘sadism'으로의 퇴행이라는 두 번째 형태를 수반한다. 여기까지는 괜찮지만, 설명이라기보다는 다시 기술한 것 같아서 모호해 보인다. 사디즘으로의 퇴행에 대한 소청을 통해 자아에 대한 공격의 혹독함을 설명하는 것은 마치 수면제가 잠들게 하는 효력에 의해 작용한다고 말하는 것과 같다. 프로이트의 설명이 부적절하다고 결론을 내릴 수밖에 없는데, 왜냐하면 대상이 과거 이미 취약했던 그 비판의 대상이 되는 동일시로서의 멜랑콜리아의 황폐에 대해 설명하지 않기 때문이다. 더욱이 자아가 동일시했던 대상을 향한 공격성에서 우울증이 발생하는 강박신경증과 멜랑콜리아 사이의 차이도 없다.

강박신경증과 멜랑콜리아를 구별하려 한다면, 버림받은 대상이 '내면화'될 때 발생하는 중요한 변형이 있어야 한다. 그러나 프로이트는 아주 조금만 나아가서, 내면화된 대상에 대한 구강적이고 식인적인 관계에 대한 퇴행에 대해서만 말한다. 나는 다음과 같은 매우 흥미로운 발언을 강조하고자 한다. "사랑과 자살로 가장 강렬하게 대립되는 두 가지 상반된 상황에서, 자아는 완전히 다른 방식으로, 대상에 압도당한다."

멜랑콜리아와 강박신경증

멜랑콜리아와 강박신경증의 차이에 대해 고찰하는 상황에는 다른 복잡한 문제가 있다. 위에서 언급한 것처럼, 애도에는 없고 멜랑콜리에 특유한 자기에 대한 공격적인 공격과 자아의 무자비한 처벌의 한 가지 주요 예외는 강박신경증에서 일어난다. 상실에 대한 강박신경증의 반응은 멜랑콜리아에서 보는 황폐와 유사할 수 있다. 프로이트는 이에 대해 이해하고 대상에 대한 강박신경증의 양가성에 기인한다고 보았다. 이제 더 나아가 멜랑콜리아와 강박신경증의 비교를 추적해 보겠다.[15]

멜랑콜릭이 조증도 우울증도 아닌 경우, 관해remission 단계에 있는 멜랑콜리아를 고려해야 한다. 정신의학은 관해기 멜랑콜리아에 많은 관심을 두지 않는데, 단지 조증이나 우울증이 없는 상태라고 보면서 특별한 주의를 기울이지 않는다. 전형적으로 멜랑콜리아는 오랜 기간의 관해기를 가지는데 이 기간 또한 멜랑콜릭이 되는 일부라는 점에서, 여기에 주의를 기울이지 않는 건 수치다. 관해기의 멜랑콜리아와 강박신경증 사이에는 많은 유사점이 있음을 발견한다. 사실상 관해기 상태에서만 멜랑콜릭을 본다면 그를 단지 다른 강박신경증이라고 생각하기 쉽다. 관해기 멜랑콜리아의 증상은 청결과 질서에 대한 관심, 온순하고 호의적인 태도에 결합된 고집과 반항의 성향 등의 강박적인 특성을 가지고 있기 때문이다. 임상적으로 만나는 멜랑콜릭에 대해서는 이런 설명을 참조하기를 권한다. 또한, 조증의 낭비와는 대조적으로 돈에 대해 검소하고, 개인적인 소유물에 대해 세심함도 발견할 수 있다.[16]

반대로, 강박신경증에서 애도는 일종의 우울증으로 바뀌기 쉬운 병리적 측면을 가질 수 있다. 프로이트에 따르면, "사랑하는 사람의 죽음에 따라오는 우울증의 강박적인 상태는 리비도의 퇴행적인 유발이 없을 때 양가성으로 인한 갈등 자체가 무엇을 얻을 수 있는지를 보여 준다."[17] 강박적인 애도는 그가 사랑하는 대상의 죽음을 기원했다고 그 자신을 강박적으로 비난하는 자기비난의 결과다. 프로이트는 이어서, 강박증의 죄책감은 유달리 소란스러운 반면 그 혐의는 자아에 의해서 기각되는데, 죄책감이 무의식적인 원천을 가지고 있기 때문에 그 항의가 곧이곧대로 받아들여지지 않는다고 지적한다. 반면 멜랑콜리아에서는 자아가 죄책의 혐의를 묵인하고 초자아에 의해서 가해지는 처벌에 복종한다. 프로이트는 강박신경증에서는 초자아의 혹독함이 자아에 이질적인 충동에 떨어지는 반면 멜랑콜리아에서는 그 분노의 대상이 이제는 대상을 동일시한 자아의 일부라는 사실에 달려 있다고 말한다.[18]

강박증에서 상실에 대한 자기비난과 병적인 우울 반응은 멜랑콜리아의 상태와 구별하기 어려울 수 있다. 이러한 상황에서 어떤 개별 사례에서 실제로 상실이 있었는지를 아는 것은 진단적으로 중요하다. 강박증은 자살할 개연성이 낮다는 프로이트의 평가는 정확한 것 같다. 여기에는 전이에서 일어나는 일이 항상 단서가 된다.

멜랑콜리아와 강박신경증의 유사성에 대한 프로이트의 설명으로는, 그들은 두 가지 특징을 공유한다. 대상의 상실과 이에 대한 양가적인 관계. 분명히 이들은 멜랑콜리아에서도 나타나며, 사랑하는 대상의 죽음에 대한 강박신경증의 병리적 반응의 특징이기도 하다. 프로이트적인 이론에 의하면, 공유되는 혹은 공유되어야 하는 세 번째 특징이 있는데, 상실한 대상과의 동일시이다. 초자아의 비판에 있어서 강박신경증과 멜랑콜리아의 차이점은 각각의 경우의 동일시가 서로 다른 종류임을 시사한다. 이제 프로이트는 멜랑콜리아에서 자아로 돌아가는 리비도의 퇴행과 강박증에서의 그러한 과정의 부재에 대해 말하는데, 이는 대상에 대한 나르시시즘적인 투자가 멜랑콜리아에서 더 크다는 것을 보여 준다.

　나르시시즘에 대한 언급은 정신증과 관련하여 멜랑콜리아의
문제로 돌아오게 한다. 자아를 향한 대상으로부터의 나르시시즘
적인 투자의 철회가 정신증적 과정에서 결정적인 단계이기 때문
이다. 이제 우리는 정신증의 영역으로 향하고 있기 때문에, 이것
이 아버지-의-이름에 대한 폐제foreclosure와 관련하여 어떻게 작동
하는지 보자. 멜랑콜리아가 정신증의 한 유형이라고 가정하면,
폐제는 멜랑콜리아에서 어떻게 작동할까?

멜랑콜리아와 폐제

나의 관찰로는, 프로이트는 정신병에 대한 경험이 거의 없었다.
이 점이 어떻게 늑대인간을 오진하는 결점이 되는지를 알 수 있
게 한다. 프로이트가 판케예프를 강박증으로 간주하는 것은 이
해할 만하다. 프로이트와의 분석 당시 판케예프는 판명되지 않
은 정신증이었다고 가정하는 것이 타당해 보이기 때문이다. 그
러나 프로이트가 루스 맥 브런즈윅에게 두 번째 분석을 의뢰했
을 때, 그가 확연히 드러난 정신증이 아니었다면 편집증이었다.
프로이트는 판케예프가 치료와 분석을 계속하기 위해 돌아왔을
때, 정신증에 대해 더 많은 경험을 했다고 말하는 것이 정당하다
고 생각한다. 그는 맥 브런즈윅과 함께 판케예프 상태의 변화를
잘 감지했을 것이다.[19]

　정신증의 정신분석에 대한 라깡의 기여는 타의 추종을 불허
한다. 라깡의 작업과 라깡적인 접근 방식에서 훈련받은 사람들

의 작업과 노력 덕분에, 정신병 환자에게 분석적 치료를 적용할 수 있게 되었다. 라깡은 "정신증에서 결코 물러나지 말라"고 권장했는데, 우리의 의무일 뿐만 아니라 우리가 배울 수 있는 것들 때문이다.

그러나 라깡이 정신증의 주제에 대해 많은 생각을 기울인 반면 멜랑콜리아에 관해서는 거의 이야기하지 않는다. 우리는 스스로 노력해서 라깡적인 토대를 구축해야 한다.

가장 명백한 관찰은 멜랑콜리아가 주이상스의 사건이라는 것이다. 그러면 주이상스와 멜랑콜리아를 고전적인 라깡의 핵심 개념들의 관점에서 어떻게 이해할 수 있는지 살펴보자. 우리는 상징적 질서가 상상적 주이상스를 조절하고 이 과정에서 주이상스는 주체에게 상실된다는 것을 안다. 우리는 상징적 질서의 도래와 함께, 주이상스가 삭감된다는 것을 안다. 우리는 이 주이상스의 빼기가 리비도와 욕동drive의 수준에서 일어난다는 것을 안다. 우리는 이 상실을 (-φ)라고 표기한다.

또한 우리는 아버지-의-이름의 폐제와 함께, 통제되지 않는 침습적인 상상적 주이상스의 과잉이 있음을 안다. 슈레버가 처음에 자신에게서 발견한 난잡함과 혼란은 상상적 주이상스의 결과이며, 그의 정신병이 경과하는 동안 그는 그것을 통제하는 새로운 방법을 발견한다. 이 새로운 방법은 세계와 새로운 관계를 구축하는 것으로 구성되는데, 그의 표현으로는 새로운 '세계의 질서'이며, 그의 망상 또는 '망상적 은유'과 함께 나타난다.

편집망상의 이러한 안정성은 주이상스의 과잉이 단순히 그를 압도하던 기간의 질환과 대조된다. 이제 우리가 라깡의 텍스트 「정신병의 가능한 치료에 대한 예비적 질문에 관하여On a question prior to any possible treatment of psychosis」를 따르면, 그는 "거울 단계로의 주체의 퇴행—유전적인 퇴행이 아닌 지형학적인—"에 의한 정신병의 결정적인 혼란의 기간에 대해 설명한다. "거울상의 타자가 여기서는 그것의 치명적인 영향으로 환원된다."는 관계이다.[20] 예를 들면, 슈레버의 목소리는 그를 "다른 나환자 시체를 이끄는 나환자 시체"라고 말하는데, 그의 몸은 단지 "외계 '신경들'의 식민지 군집'이며, 박해자들의 정체성에서 떨어져 나온 파편들을 위한 일종의 투기장"일 뿐이다.[21]

논의가 상상계와 상징계 사이의 차이에 관하여 펼쳐진다는 데 주목하자. I 도식의 경우와 마찬가지로 모든 것이 또한 이렇게 상상적-상징적 차이에 관하여 전개된다. 문제가 되는 고행은 상상적 관계에 대한 구조적 퇴행의 결과이며, 실재계는 관여하지 않는다. 그러나 라깡이 이 텍스트를 1958년이 아닌 1964년에 썼다면, 그는 여기서 '대상 a'가 차지하는 중요한 역할을 깨달았을 것이다. 그는 상상계로의 퇴행에 대해서가 아니라 대상에 대한 치명적인 역할에 대해 언급했을 것이다. 그리고 그는 남근적 의미작용의 붕괴, I 도식에서의 'Φ_0'와 대상과의 관계에 대한 중재되지 않은 존재로서의 '대상 a'를 구별할 수 있었을 것이다.

사실, 라깡은 애도에 관해서 프로이트와 다른 입장을 취하고 있다. 프로이트가 애도 작업이 대상의 특징들을 하나씩 포기하는 과정이라고 효과적으로 생각하는 지점에서, 라깡은 이 과정을 대상에 관한 기념물을 상징계 내에 효과적으로 구성함으로써 대상을 보존하는 과정으로 본다. 애도작업은 대상의 여러 상상적 특징, 즉 i(a)을 대타자에 시니피앙을 새겨 넣는 코드화로 구성된다. 프로이트 자신이 암시하는 것처럼, 대상에 대한 사랑은 보존과 저장으로 이어진다. 더욱이, 라깡은, 프로이트가 강조한, 상실한 대상의 특성에 대한 동일시가 애도에 관한 전체 이야기를 말하는 것은 아니라고 간주한다. 왜냐하면 실재의 차원 즉 '대상 a'와의 관계가 관련되어 있기 때문이다. 한 사람이 애도하는 대상은 그 사람의 '대상 a'의 자리를 차지하였던 대상, 그의 결여lack, 그의 거세castration를 지탱하는 장소에 둔 대상이다.[22] 애도는 '대상 a'와의 동일시를 드러내는데, 일반적으로 대상의 이상적인 특징, i(a)에 의해 감추어진, 대상의 특정한 측면, 대상의 실재를 드러낸다.

라깡에게는 멜랑콜리아에서 대상의 '찡그림'이 벗겨진다. 마치 아름다운 얼굴의 뒤편, 치장한 대상의 모사 뒤편에 숨겨진 해골의 찡그림처럼. '대상 a'를 숨겨주는 i(a)의 장막은 없다.

대상 a

자유인은, 진실은, 정확하게 미친 사람입니다. 작은 a, 그것이 붙잡고 있는 작은 것을 요구하지 않습니다. 그것은, 예를 들면, 그것이 그것의 목소리라고 부르는 것입니다. … 그것은 대타자의 장소에 잡혀 있지 않은데, 대상 a에 의한 위대한 대타자이며, 그것이 마음대로 처분할 수 있는 그 a입니다. … 그(미치광이)는 주머니에 그의 원인을 가지고 있다고 말합니다. 그래서 그는 미친 사람입니다.[23]

정신증에서 '대상 a'의 근접은 피험자가 욕망의 대상 원인으로부터 분리되지 않았다는 것을 의미한다. 말과 언어의 장소로서 대타자에 의해 생성되는 이 분리는, 주체의 주이상스를 규제하고 제한한다. 그것이 실패하면 주이상스를 풍부하게 하는데, 색정광erotomania, 건강염려증hypochondriasis 및 편집증에서의 박해와 같은 전형적인 정신증적 형성물들에서 분명히 드러난다. 정신증적 주체의 여성화feminisation 혹은 많은 성전환자들에게서 발견되는, 라깡이 '여자-로-움틈pousse-à-la-femme'이라고 부른 것에 대해서도 언급해야 한다. 둘 다 메울 수 없는 확실성을 가지고 있으며 때로는 지속적인 외과적 시술을 통해 그들만의 특정한 이상적인 여성성의 닮은꼴을 더욱더 닮아 가려 한다.

우리는 멜랑콜리아에서 대상과의 분리 실패에 의한 우울의 기능을 어떻게 이해해야 하는가? 앞에서 말했듯이, 나르시시즘적인 동일시와 이어지는 자아에 대한 게걸스러운 공격에 대한 것에 관한 프로이트의 설명으로는 불완전하다. 라깡이 '대상 a'의 이론에 추가하여 덧붙인 것은 분리되지 않은 채 떨어진 대상의 발견이다.

1966년 존스 홉킨스 대학에서 라깡이 말했듯이, "주체는 여기, 예를 들어, 어쩌면 우리가 외상이나 혹은 격렬한 쾌락이라고 부르는 모호한 것에 있습니다."[24]

　　프랑스 작가이자 극작가인 장 주네의 사례에 대한 몇 가지 관찰을 통해 '대상 *a*'의 기능을 설명해 보겠다.[25] 주네는 적어도 한 번은 자신의 목숨을 앗아가려고 시도하였으며 '우울하다'고 모호하게 묘사된 심각한 시기를 겪었다. 하지만 비참한abject 사람의 친밀한 관계를 탐지하기 위해 매우 가까이서 볼 필요는 없다. 게강은 주네의 삶의 역설 중 하나가 자신에게 주어진 인식이었다고 말하는데, "콕토, 사르트르, 시몬느 드 보부아르와 다른 사람들 같은 매우 눈에 띄는 반-권위주의 작가들"에 의해서 "그 자신은 눈에 띄지 않고 미미하다고 소개되는 주체"라는 것이다.[26] 주네에 대한 전기에서, 사르트르는 주네의 삶에서 존재론적 역할을 "비참함" 덕택으로 마땅히 돌리게 되었고, 사르트르는 이 비참함을 "데카르트적 회의와 후설의 시대 같은, 방법론적인 전환"이라고 묘사하였다.[27]

　　게강은, 주네가 자신의 글에서 쓰레기를 아갈마의 수준으로 끌어올리려 시도하지만, 그의 동성애는 그를 끊임없이 쓰레기의 위치, 불량품―에드문드 화이트의 전기에서 동성애를 "저주, 혹은 해제될 수 없는 선고로서 나쁜 것"으로 묘사한―의 위치에 둘 것이라고 설득력 있게 주장한다. 쓰레기, 똥 덩어리로서의 이 '대상 *a*', 쓰레기와의 이런 동일시는, 말하자면, 모든 아름다운 대상의 뒤에서 배설물을 드러내는, 미학으로 거듭 되돌아온다. 그의 저작 중 하나의 제목이 유창하게 이에 대해 쓰고 있다. "작은 조각으로 찢겨져 변기통에 씻겨 내려가 버린 렘브란트 작품에 남겨진 것." 혹은, 더욱 실존적으로, 그는 그 자신에 대해 이렇게 썼다. "내게는 썩은 것으로 보이는 무엇이 세계에 대한 나의 전적인 이전의 관점을 괴사되게 만들고 있었다."

나의 제안은 주네가 필시 멜랑콜릭이었다는 것이 아니다. 오히려 그의 삶과 문학은, '대상 a'와의 동일시를 통해서, 침습하는 실재와 벌이는 투쟁으로 볼 수 있다. 그러나 내 직감은 다른 명확한 멜랑콜릭의 사례에서는 '대상 a'의 실재적 존재가 멜랑콜리아에 특유한 그런 특징들의 원천이라는 것이다.

번역: 박시성

Translated by Si-Sung Park

Notes

1 특히, 가에탕 드 클레랑보를 볼 것. Gaétan de Clérambault, *Les délires passionnels: érotomanie, revendication, jalousie.* Bulletin de la société clinique de médicine mentale 9, 1921, pp.61-71.

2 Kraepelin E., *Psychiatrie: ein Lehrbuch.* 8th ed. Leipzig, Barth, 1913

3 Taylor M.A. and Fink M., *Melancholia: The Diagnosis, Pathophysiology and Treatment of Depressive Illness.* Cambridge: Cambridge University Press, 2006, p.2

4 Ibid., p.15.

5 많은 사례들 중의 일례로 다음을 볼 것. Wiese BS., *Geriatric depression: The use of antidepressants in the elderly*, British Columbia Medical Journal, 53, No. 7, September 2011, pp.341-347.

6 다음을 볼 것. https://homepages.wmich.edu/~cooneys/poems/auden.stop.html

7 Freud S., *Mourning and melancholia.* Standard Edition 14, p.245.

8 Fichtner G., *The Freud-Binswanger Correspondence: 1908-1938.* London: Open Gate Press, 2003, p.196. 이 언급을 제 관심에 가져다준 스텐 판호이레에게 감사한다.

9 Kernberg O., *Some observations on the process of mourning.* International Journal of Psychoanalysis 91, 2010, p.607.

10 다음을 보라. Freud S., *The ego and the id.* Standard Edition 19, p.50, fn.

11 Freud S., Op. cit., Standard Edition 14, p.249.

12 "전성기기의 가학-항문적인 구조화의 높은 단계에서, 대상을 향한 분투는 숙달을 향한 욕구의 형태로 나타나는데, 이때 대상의 손상과 소멸은 사소한 문제이다." Freud S., Standard Edition 14, pp.138-139 "At the higher stage of the pregenital sadistic-anal organization, the striving for the object appears in the form of an urge for mastery, to which injury or annihilation of the object is a matter of indifference." (14: 138-9)

13 Freud S., Standard Edition 16, p.344.

14 Freud S., *Mourning and melancholia.* Standard Edition 14, p.245.

15 프로이트는 강박신경증의 죄책감과 멜랑콜리아 사이의 유사성에 대해 초고 N([1897], Draft N, May 31, 1897, *The Complete Letters of Sigmund*

Freud to Wilhelm Fliess, 1887-1904, pp.250-252)에서 이미 언급하였고, 칼 아브라함과의 서신(Karl Abraham [1915], *Letter from Karl Abraham to Sigmund Freud*. March 31, 1915, *The Complete Correspondence of Sigmund Freud and Karl Abraham*, 1907-1925, pp.303-306)에서도 프로이트는 '자아와 이드'의 질문으로 다시 돌아온다.

16 다음의 칼 아브라함의 글을 볼 것. *A Short Study of the Development of the Libido, Viewed in the Light of Mental Disorders* (Abridged). In Rita V. Frankiel (ed.), Essential Papers on Object Loss. New York: New York University Press, 1994, pp.73-78; *Notes on the psycho-analytical investigation and treatment of Manic-Depressive insanity and allied conditions.*, Selected papers on psycho-analysis. London: Hogarth, 1942, pp.137-156.

17 Freud S., *Mourning and Melancholia*. Standard Edition 14, p.251.

18 Freud S., *The Ego and the Id*. Standard Edition 19, p.51.

19 내 글을 볼 것. *Treating the Wolf man as a Case of Ordinary Psychosis*. Culture/Clinic 1, 2013, pp.86-98.

20 Lacan J., *On a question prior to any possible treatment of psychosis*. In Écrits. New York: W. W. Norton, 2006, p.473.

21 Ibid., p. 473

22 다음을 볼 것. Lacan J., *Le séminaire, Livre X, L'angoisse*. Paris: Seuil, 2004, p.388. 라깡은 대상 *a*를 주체가 상징계에 뿌리내리게 하는 기능으로 언급한다.

23 Lacan J., *La formation du psychiatre et la psychanalyse*. 10 November 1967, www.ecole-lacanienne.net/documents/1967-11-10.doc

24 이곳을 볼 것. http://braungardt.trialectics.com/projects/psychoanalysis/lacans-life/lacans-baltimore-lecture-1966/

25 주네에 대한 이 주석은 피에르-쥘 게강에게 빚을 지고 있다. Pierre-Gilles Guéguen, *Ordinary Psychosis" the Extraordinary Case of Jean Genet*. Lacanian Ink, 34, pp95–105.

26 Guéguen P-G., Ibid., 101.

27 Sartre J-P., *Saint Genet: Actor and Martyr*. Minneapolis: University of Minnesota Press, 2012, p.141.

욕망의 윤리와 우울
Depression and the Ethics of Desire

박시성 Si-Sung Park*

현대의학은 과학기술의 발달 그리고 생물학적 발견에 주요 기
반을 두고 있다. 정신의학에서도 진단과 치료를 위해서 수십 년
간 이러한 패러다임에서 많은 노력을 해 왔고, 상당한 성과를
거두었다. 과학적인 기틀이 다소 견고하지 못한 경우에도 '합리
적 체계' 속에서 진단과 치료적 결정이 이루어지고 이에 따라 치
료가 실행된다. 오늘날의 우울증은 과도한 구호 속에서 질병화
된다. 모든 환자들은 표준화된 양식 안에서 범주화된 질병 진단
코드를 받고, 서식으로 구성된 설문도구를 통해서 증상이 선별
되고 계량되며, 정해진 알고리즘에 따라 약물치료를 받는다. 목
적과 범위에 따라 이런 개입은 어느 정도의 성공적인 결과를 얻
기도 하며 대부분의 환자들도 이 과정과 프로토콜에 익숙해 있
다. 그러나 정신 현상들을 경험하는 주체로서의 특이성singularity에
기반을 둔 임상적 인식과 개입은 매우 제한적이다. 국내 임상 현
장에서 대다수의 환자들은 주체에 대한 접근을 불편해—저항—

* 정신과 전문의, 정신분석가, 고신의대 정신건강의학교실 및 인문사회의학교실
교수, 라깡과 임상 연구센터장. 멜버른 라깡 서클 회원

하는 것도 사실이다. 이러한 임상 환경에서 더 나아가기 위해 라깡의 정신분석이 우울증에 관하여 알려주는 바에 대해 논의해 보고자 한다.

우울증은 과연 마음의 감기일까?

1980년대에 새로운 항우울제가 등장한 이후 항우울제는 세계적으로 가장 많이 처방되는 약물 중의 하나가 되었다. 이전의 전통적 항우울제의 부작용을 획기적으로 줄였기 때문이기도 하지만, 우울증에 대한 대중적 관점의 변화에 의해서이기도 하다. 국내에서는 1990년대부터 '우울증은 마음의 감기'라는 캠페인 구호가 확산되면서 우울증에 대한 인식이 개선되고 정신의학적 치료의 문턱도 많이 낮아졌다. 과거 정신병이라는 편견과 비난 속에서 치료의 기회조차 갖지 못하던 시기에 비하면 분명히 많은 것들이 개선되었다. 반면, 항우울제 사용의 기회와 범위는 과도하게 넓어졌는데, 심지어 임상에서 정신과 외에 신경과 같은 여타의 진료과에서도 처방이 가능하게 되었다.

그런데 우울증은 정말 마음의 감기일까? 결론부터 말하면, 그렇지 않다. 이 구호가 주장하는 이면에서 무엇을 놓치고 있는지를 검토하기 위해서, 우선 '마음의 감기'가 표현하는 것이 무엇인지 살펴보자. 먼저 우울을 '감기'에 비유한 특성이다. 일반적으로 감기는 바이러스에 의해 발생하는 흔하고 가벼운 질환으로, 물론 최근에는 그렇지 않은 바이러스들이 등장하고 있지만, 대부분 특별한 치료 없이도 시간이 지나가면 자연히 낫는다. 따라서 우울증이 마음의 감기라면, 우울증도 감기처럼 흔하고 비교적 가벼운 질병이며 대부분 특별한 치료 없이도 시간이 지나면 자연히 나을 수 있다는 뜻일 테다. 그렇다면 우울증에서도 감기처럼 약물치료 없이 시간을 보내면 되는 것 아닌가? 아니면, 감기에서 더 빨리 회복되기 위해서 약을 먹고 주사를 맞듯이, 우울증에서도 더 빨리 낫기 위해서 항우울제 약물치료를 받아야 한다는 의미일까?

다음은 구호가 상정하는 '마음'에 관해서다. 이 구호는 주로 현대의학의 임상이 펼쳐지는 병원에서의 신속한 치료, 특히 약물요법을 권하는 듯하다. 약물은 육체―특히 뇌―에 작용한다는 점에서 실재를 향하고 있다. 생물학적 의학의 대상은 항상 이 실재로서의 육체다. 그런데 약물치료 중심의 임상에서 우울증을 마음의 문제로 간주한 이유는 무엇일까? 어쩌면 대중이 마음이라는 용어를 뇌라는 단어보다 더 친근하게 여겨서일 수도 있겠고, 혹은 오래전부터 우울증을 마음의 의지가 약해서 생기는 문제라고 생각했던 인습 때문일 수도 있겠다. 그래서인지 모르지만 언젠가부터 이 구호는 동양의 전통의학에서 더 유익하게 활용되는 듯도 하다. 사실 마음이 무엇인지에 대해 설명하려면 다양한 측면에서 검토해야 한다. 정신분석적 수준에서는 실재적 측면에 더하여 상상적이고 상징적인 차원에서의 논의를 포함해야 하는데, 이에 대한 논의는 별도의 장을 필요로 하기에 여기서는 더 이상 다루지는 않겠다. 여하간 약물치료 중심의 생물학적 정신의학에서 우울증을 마음의 문제로 간주하는 구호에서의 마음이란 뇌를 지칭하는 듯하다. 화학반응을 일으키는 약리작용은 전기화학적 특성을 띠고 있는 실재적 뇌에서 일어나는 작용이니까 말이다. 즉 마음이라는 단어를 뇌를 대체하는 다른 말로 사용하였을 뿐인 것 같다.

그렇다면 현대 정신의학에서의 우울증이란 무엇일까? 현대 정신의학에서 주요 질환으로 다루는 엄밀한 의미의 우울증은 가벼운 질환은 아니다. 현재 5판까지 개정된 미국정신의학회의 진단 및 통계편람Diagnostic and Statistical Manual (DSM)의 진단 지침에 따르면, 질환으로 구분된 우울증이란 주요 우울장애Major depressive disorder를 지칭한다. DSM-IV의 개발과정에 핵심적인 역할을 했던 미국 정신과의사 앨런 프랜시스에 따르면, DSM-III 이후 주요 우울장애의 진단은 오랫동안 안정적이며 그 기준도 상당히 까다로운 편이었다고 지적한다.[1] 특히 멜랑콜리형은 생물학적 증상(혹은 식물증상)을 수반하여, 신체적인 큰 고통을 안겨 주어서, 약물치료가 필요한 질병으로 수용되었다. 프랜시스는 그러나 최근 들어 점점 이 진단이 느슨해져서, 우울증 환자를 양산하고 있다고 비판한다. 주요 우울장애가 아닌 사람들까지도 주요 우울장애라는 '질병'을 가진 환자로 진단되고 있다는 말이다.

　　'감기 같은 우울증' 구호는 바로 이런 느슨한 진단 체계 속에서 양산된 우울증을 지칭하는 데 잘 들어맞는다. 하지만 우울증이 마음의 감기일 뿐이니 편견을 깨고 편히 항우울제 치료를 받으라고 제안하고 있다면, 모순에 빠진다. 구호 속의 우울증이 항우울제 약물치료를 받도록 권하는 주요 우울증을 지칭한다면 그런 우울증은 애초에 감기만큼 가볍지 않으며, 반면 구호 속의 우울증이 감기처럼 가벼운 일상적인 우울을 지칭한다면 애초에 항우울제 약물치료가 필요 없기 때문이다. 나아가, 우울은 인간 본연의 구성적 속성일 수 있는데, 이런 우울은 뇌의 특정 화학적 활성 변화라고 단순히 환원시킬 수 없다. 따라서, 어떤 경우이든, 우울증은 마음의 감기가 아니다.

과잉 진단, 단순한 치료

자끄-알랭 밀레르는 프랑스에서의 우울증의 날 기념 캠페인을 '우울증 색출 프로파간다'라고 비판하였다.[2] 그는 감소 추세에 있던 항우울제의 소비가 이 캠페인에 의해 오히려 증가하게 될 것에 대하여, 캠페인을 주도한 국가 기구는 치료적 교육의 모범적인 캠페인에 의한 '예상 밖의 효과', 영문으로 perverse effects 즉 '도착증적 결과!'라고 말할 것이라고 비꼬아 지적한다. 대리언 리더 또한 영국에서의 항우울제 과잉 사용이 제약회사의 매혹적인 선전과 국민건강보험 정부위원회와 제약 산업 사이의 공통된 이해에 의한 결과라고 비판한다.[3]

밀레르는 같은 논문에서 호주의 정신과 의사 고든 파커의 잘 알려진 논문, '우울증은 과잉진단 되고 있는가? 그렇다'[4]를 인용해 프랑스 정신의학계의 우울증 과잉진단over-diagnosis에 대해서도 강하게 비판한다. 분명 우울증에 대한 정신의학적 진단 과잉은 또 다른 중요한 문제다. 앨런 프랜시스 역시 파커와 같이 진단 과잉에 대해 비판적이다. DSM의 범주를 느슨하게 사용하면 주요 우울장애가 아닌 일상적인 슬픔까지도 정신질환으로 진단하게 만들고 이에 따라 항우울제 치료 또한 과잉이 된다는 것이다.

DSM의 느슨한 정의에서 촉발된 주요 우울장애의 유행은 이후 의사들의 생물학적 환원주의와 제약회사들의 영리한 마케팅이라는 조합으로 말미암아 더욱 가속되었다. 의사들은 모든 우울증이 뇌의 화학적 불균형에서 비롯하기 때문에 화학적 수선, 즉 항우울제를 처방해야 한다는 이야기에 넘어갔다. 이 말은 심한

우울증에는 절대적인 진실이지만, 대부분의 경미한 가벼운 우울증에는 절대적인 거짓이다.[5]

이런 현상은 국내에서도 예외는 아니다. DSM은 객관적이고 표준적인 진단기준을 제공하기 위해 구조화된 면담을 통해 진단하도록 하는 지침이다. 하지만 국내 임상 의료 환경의 진료 시간에 이런 표준적인 원칙이 그대로 수행되기란 쉽지 않다. 자칫 진단 기준을 느슨하게 준용하게 되면 주요 우울증의 진단 특이성을 감소시키고, 약물치료가 필요 없는 가벼운 우울감이나 상실에 따른 애도 또는 삶의 무게에 의한 흥미상실 같은 우울 현상들까지도 주요 우울증으로 진단하게 만든다. 그 결과 항우울제의 과잉 사용으로 쉽게 이어진다.

우울증 진단의 과잉은 체크리스트의 과신과 과용에 의해서도 일어난다. 단지 질환의 중증도를 구분하거나 증상의 선별을 목적으로 하는 체크리스트들이 오히려 질환을 진단하는 도구로 오용된다. 체크리스트들의 점수를 진단적인 기준으로 삼는 경우가 많은데, 과연 이 기준이 질병과 비-질병을 구분하는 데 충분히 타당할까? 나아가, 체크리스트들을 활용할 수 있는 자격이 규정되어 있긴 하지만, 현 시대에 이런 구분은 크게 의미가 없다. 오히려 온라인상에서도 매우 쉽게 구할 수 있어서 심지어 척도사용을 위한 세부 지침에도 따르지 않은 채 자가진단의 도구로 쉽게 남용된다.

현 시대에는 "우울증 때문에 왔어요."라고 말하며 진료실에 들어오는 환자들을 자주 보게 된다. 어떻게 우울증이라고 알게 되었는지 확인하면, 대부분 여러 경로를 통해 얻은 정보에 토대를 둔 임의적인 자가진단이다. 한편으로는 우울증이라는 명칭이, 그동안의 캠페인에 의해 인식이 개선되어서인지는 알 수 없지만, 다른 중증 정신질환들을 대신 지칭하는 '순화된' 질병명이 되기도 한다. 사람들에게 우울증에 대한 신중한 진단은 중요하지 않아 보인다. 그저 기분이 우울하면 우울증이라는 생각을 가지고 있는 듯하다. 이런 자가 진단은 우울증이 과잉 진단되는 또 다른 원인이 된다.

치료에 대해서도 여러 이론적 관점이 대립한다. 첫째, 우울증을 '의지의 문제'로 여기는 사람들은 우울증이 의지로 치료될 수 있다고 확신한다. 대체로 자가진단을 하거나 인터넷 등에서 떠도는 정보를 쉽게 받아들이며 흔히 알려진 관습적인 상식을 쉽게 수용하는 경향이 강하다. 대개는 약물과 의지를 대립되는 이분법으로 구분하고서, '의지로 이겨내라'는 일종의 자가처방을 내린다. 그러나 실상 이 의지는 모호한 희망에 근거한 단순한 각오 또는 변화가 필요하다는 막연한 결심에 지나지 않는다. 거기엔 어떤 구체성도 포함되어 있지 않다. 인간으로서 지닌 생물학적 육체에게나 혹은 정신분석적인 무의식의 주체에게나 어디에도 자리를 내어주지 않은 고집스런 자아가 현실에 대한 취약한 인식에 기대어 만들어 내는 '자기암시'일 뿐이다.

둘째는 현 시대에 효율성이라는 이름으로 환영받는 인지주의 Cognitivism의 견해다. 우울증을 '생각의 오류'라고 간주하는 이 관점은, 우울증의 치료를 위해서는 인지 왜곡이라 불리는 잘못된 사고를 교정해야 한다고 본다. 여기엔 인간의 근본적인 속성으로서의 우울에 대한 사유가 들어올 자리는 없다. 물론 여기엔 정동affect의 자리도, 무의식의 자리도 없다. 우울증의 정동에 이름을 붙인다면 슬픔일 텐데, 인지주의는 인간의 슬픔을 다룰 어떤 여지를 내어 주지 않는다. 나아가 정신분석이 다루는 무의식의 차원, 욕망, 그리고 콤플렉스에도 접근할 수 없다.[6] 인지주의는 치료라는 이름으로 사회적 표준 또는 규범에의 순응 양식을 획득하라는 요구 혹은 명령과 다르지 않다. 이는 세상을 지배하는 가치와 표준에 맹목적으로 따르라고 말하는 초자아적 명령에 지나지 않을 수도 있다. 고유한 특이성을 가진 주체와 욕망에 관심을 가지는 정신분석의 관점에서 비판한다면, "그런 표준에 맞게 고쳐야 할 잘못된 생각 같은 것은 없다."

셋째는 약물치료다. 라깡의 시대인 20세기 중반에는 정신약물학이 태동되던 시기다. 항우울제의 역사는 1958년 이미프라민으로부터 시작되었는데 이 삼환계 항우울제는 많은 부작용들을 가지고 있었다. 1987년에는 이전 약물들의 부작용들을 획기적으로 감소시킨 세로토닌계 항우울제, 프로작이 사용되기 시작하였다. 그리고 지금은 일곱 가지가 넘는 다양한 계열에 속한 많은 약물들이 처방되고 있다. 프로작은 최초에 '행복을 만드는 약happy maker'으로 홍보되면서 세계적으로 알려졌다. 그러나 이 약을 먹는다고 해서 행복해지지 않는다는 것은 사람들은 익히 잘 알고 있다. 행복을 준다는 광고는 마케팅용일 뿐이며, 행복을 얻기 위해 약을 먹는다고 생각하는 사람들은 그리 많지 않다. 그럼에도, 많은 국내 환자들은 약을 나쁜 것이라고 여기며 가능한 안 먹으려 애를 쓰고, 또 다른 환자들은 오로지 약에 심리적으로 의존하여 약을 먹어야만 생활할 수 있다고 말한다. 이런 위치에 놓인 항우울제는 백해무익한 것일까 아니면 만병통치제일까? 약물에 대한 대응은, 약을 먹는 대신 무언가 다른 것을 하는 편이 좋다는 상호배타적인 가치와 선택의 문제일까? 아니면 약이 작용하는 세포 수준의 육체 즉 이해하기 불가한 실재에 대한 두려움과 관련되어 있을까? 분명 약은 증상 특히 신체로 돌아온 증세들의 경감에 도움을 준다. 대신 주체의 욕망에 대해서는 어떤 질문도 하지 않는다.

끝으로, 어떤 사람들은 우울에 대한 임상 진단 및 치료와는 무관하게, 우울한 느낌을 '위로'를 통해서 제거할 수 있다고 여기기도 한다. 대체로 자가진단에 의한 자신의 우울에 대해 가족을 포함한 주위의 사람들이나 상담자 혹은 치료자들에게 위로해 줄 것을 요구한다. 기대했던 위로를 얻지 못하면, 이해해 주지 않는다며 서운해하거나 투정을 부리거나 화를 낸다. 왜냐하면 이런 우울은 주체로서의 자신이 우울과 어떤 관계가 있는지를 완전히 배제한 채 그저 외적인 요인 탓으로 돌리는 경우가 대부분이어서, 외부로부터의 위로받는 일을 당연한 것으로 인식하기 때문이다.

우울증의 임상에서 의지, 자기 암시와 인지치료 및 증상 경감을 목표로 하는 약물치료의 목적은 주체, 특히 정신분석적 주체에게는 관심이 없다. 정신분석은 우울한 증상을 경험하는 주체를 소환하려 한다. 우울이 욕망에 관한 어떤 진실을 드러내는지에 대해 집중한다. 주체에 대해 무관심한 여러 처방과 치료들은, 주체와 욕망을 배제한 채, 너무 '단순한 치료'에 그치기 십상이다. 이런 치료는 주체에 관한 임상의 차원에서는 윤리의 문제가된다.

신경증과 애도

그렇다면 우울증에 대한 정신분석적 관점은 무엇인가. 정신분석은 질병기술학적인 측면과는 다른 관점을 제시한다. 잘 알려져 있듯이, 프로이트는 우울을 '애도와 멜랑콜리아'의 관점에서 기술한다. 여기서 프로이트는 대상의 상실에 주목하는데, 사랑하는 자의 죽음 이후에 이 상실에 대한 주체의 반응이 애도 혹은 멜랑콜리아로 나타난다는 것이다. 특히 멜랑콜리아는 대상의 상실에 대한 애도에 실패한다고 본다. 프로이트가 제시한 멜랑콜리아의 주요 특징은, 극심하게 고통스런 낙심, 외부 세계에 대한 흥미의 중단, 사랑하는 능력의 상실, 모든 활동의 억제, 자기비하 등이다. 여기서 자기비하는 자책과 자기비난 그리고 처벌에 대한 망상으로 이어진다. 반면 애도에서는 멜랑콜리아에서 나타나는 자기비하와 관련된 현상이나 정신증적 망상은 없다.[7]

라깡의 구조 진단 모델에서 우울증은 특정한 주체 구조로 진단되지 않는다. 정신증 주체의 멜랑콜리와 신경증적 우울은 구조적 특성에 따라 각기 다른 현상과 증상들을 나타낸다. 도식화하면 프로이트의 멜랑콜리아는 정신증이며 애도는 신경증적 과정이다. 러셀 그릭은 라깡의 관점을 확장하여 멜랑콜리를 정신증 구조에서 설명한다. 라깡의 정신증 개념으로 잘 알려져 있듯이, 상징계는 거세의 과정을 통해서 주체의 상상적 주이상스를 제어하는데, 아버지-의-이름이 폐제된 정신증 주체에서는 이 과정이 일어나지 않는다. 주체는 상상적인 주이상스를 다른 방식으로 다루면서 외부 세계와의 관계를 재설정하게 되고 이때 망상적인 은유들이 나타나는데, 이 과정이 멜랑콜리에서도 일어난다는 것이다. 이때 멜랑콜리의 망상은, 편집증에서의 피해망상과 달리,

비참함을 만드는abject-making 내용으로 구성된다.[8]

한편 신경증적 애도는 일련의 과정으로 이루어진다. 대리언 리더는 사랑하는 사람을 상실하였을 때의 애도작업에 포함되는 네 가지 요소를 제시한다. 첫째는 의도적이고 인위적으로 상실을 틀에 담는 표상의 과정, 둘째는 실재적으로 죽은 자를 '다시 죽여서' 상징적 차원에 등재하기, 즉 죽은 자를 놓아주기, 셋째는 애도의 대상을 구성하기, 넷째는 죽은 자의 마음에 있었던 자신을 애도하기 등이다.[9]

첫 번째 과정은 장례 의식에서, 두 번째 과정은 추모비 세우기에서 성공적으로 이루어 낼 수 있는 작업들이다. 여기서는 실패하는 애도과정에서 놓치기 쉬운, 애도의 대상을 구성한다는 것과 자신을 애도하는 과정이란 어떤 것일지에 대해 더 생각해 보자. 라깡은 『세미나 VI: 욕망과 그 해석』에서 애도에 연결된 대상의 문제를 다룬다.

논의되는 것이 실로 애도의 문제라면, 여기서 우리가 보게 되는 것은, 중재를 통해서인데, 애도의 문제에 연결된 대상의 문제입니다. 그것은 「애도와 멜랑콜리아」에서 기여해 왔던 데서 더 나아간 설명을 하도록 하지요. 즉 만일 애도가 일어난다면—그리고 그것이 상실한 대상의 내사introjection 때문이라고 듣게 된다면—, 대상이 내사되기 위해서는 아마도 예비 조건이 있을 것인데, 말하자면 대상으로서 구성constitution qua object된다는 것입니다.[10]

이에 따르면, 우리가 죽은 자를 애도할 때는 의례와 추모에 이어서 그를 '대상으로서' 구성해야 한다. 리더는 라깡의 이 설명에 대해, 애도는 대상이 더 이상 여기에 있지 않다는 것을 깨닫는 것이 아니며, 대상의 구성이란 대상을 상실했다는 사실을 마음에 새겼음을 뜻하는 것이라고 부연한다. 애도하는 자에게 죽은 자는 자신의 자아와 나르시시즘적으로 동일시된 관계를 맺고 있던 대상이다. 그렇기에 죽은 자를 마음에 붙들고 있는 것은, 애도자의 마음에 남아 있는 죽은 자뿐만 아니라, 죽은 자의 마음에 있던 애도자 자신이기도 하다. 즉 애도자는 사랑하던 대상을 잃은 자신을 슬퍼하는 것이다. 따라서 애도를 끝내기 위해서는 죽은 자와의 관계에서 차지했던 이 나르시시즘적인 이미지와의 결합도 풀어헤쳐야 한다. 그릭의 설명을 보자. "대상을 보존하는 과정은 대상을 상징계 내의 추모비로서 구성하는 것인데, 달리 말하면, 애도작업은, 대상의 상상적 특징(나르시시즘적 이상적 자아)인 i(a)을 대타자에 등록되는 시니피앙으로 표상화 하는 과정으로 구성된다."[11] 애도하는 자는 그제야 비로소 자신에 대한 애도를 마치고, 다시 다른 타자들과의 관계를 맺을 수 있게 되는 것이다.

정신분석의 이런 설명은, 우리가 일상에서 중대한 상실을 경험했을 때, 사랑하는 사람을 잃었을 경우에, 애도자에게 필요한 과정이 무엇인지를 보여 준다. 만약 어떤 조건과 이유들로 인해 애도작업이 적절히 이루어지지 못하게 된다면, 주체는 죽은 자를 자신에게서 떠나보내지 못할 뿐 아니라 대상으로서 구성하지도 못한다. 주체는 죽음이 표상되지 못하고 상징계 차원에 등재되지 못한 완전히 죽지 않은 자와의 나르시시즘적 관계를 분리하지 못한 채 유지하면서 고통 속에서 계속 더불어 사는 셈이다.

현실의 우리 주위에서 예기치 못하게 그리고 억울하게 사랑하는 자를 잃은 사람들이 애도에 실패하여 고통 속에서 살아가는 실례는 많다. 뿐만 아니라 허구로서의 영화에서도 자주 그리고 잘 드러난다. 대표적으로, 공포영화에 등장하는 억울하게 죽은 사람이 이 세계를 떠나지 못한 채 혼령이 되어 맴도는 이유가 그를 떠나보내지 못하는 남은 자들이 애도에 실패하였기 때문 아니던가. 영화예술은 죽음과 상실 그리고 애도의 문제를 명민하게 탐구한다. 구로사와 기요시 감독의 최근 영화 〈은판 위의 여인Daguerrotype〉(2016)에서 아내를 잃은 은퇴한 사진가나, 올리비에 아사야스의 〈퍼스널 쇼퍼Personal Shopper〉(2016)에서 쌍둥이 형제를 잃은 젊은 여자는, 상실한 자들을 보내지 못한 채 자기 곁에 유령으로 남겨 둔다. 그들의 일상은 유령의 흔적으로 가득하다. 사진으로 죽은 자를 묶어 두거나, 거울 이미지의 환영으로 곁에 둔다. 주체에게 남아 있는 죽은 자에 관한 서사를 유령의 이미지로 묶어 내면서, 비탄에 빠진 주체에 대해 성찰한다.

유령을 보내는 해법은 주체에게 대상을 재구성하고 보존시켜 애도를 끝내게 해 주는 것이다. 그때에야 상실된 죽은 자는 비로소 남은 자의 기억 속에 온전히 자리 잡게 된다. 사회적인 수준에서도 마찬가지다. 커다란 상실의 사건에 직면하였을 때 필요한 것은 사회가 애도를 끝내도록 함께 노력하는 일이다. 그렇지 않으면 끝나지 않은 애도는 끊임없이 슬픔을 재생산하고, 보내지지 않은 자는 유령적인 차원에 남아서, 살아 있는 자들의 자아 속에 고통으로 함께 존재하게 된다.

상실에 대한 애도작업으로서 죽은 자에게서 나르시시즘적인 자아를 분리해 내고 죽은 자를 대상으로 재구성하는 과정을 생각해 보기 위해 다른 두 편의 영화를 참조해 보자. 자비에 돌란의 〈탐 엣 더 팜Tom à la ferme〉(2013)은 주인공 탐이 죽은 동성애 연인 기욤의 장례식에 참석하기 위해 그의 시골집을 찾아오면서 일어나는 뒤틀린 관계에서 시작한다. 죽은 연인의 형 프랑시스는 동생의 동성애를 못마땅하게 여기면서 탐을 폭력적으로 괴롭히지만, 탐은 삭막한 농장 시골집을 떠나지 못한다. 둘의 관계는 가학-피학적이 되어 가고, 탐은 스톡홀름 증후군으로 발전한다. 불온한 음악, 거칠고 스산한 옥수수 밭과 농장의 공간, 불안한 인물 접사는 이런 관계의 흐름을 잘 보여 준다. 그들의 중심에는 죽은 기욤이 있다. 도착적 관계는 기욤에 대한 죄책과 자기비난 그리고 가학-피학성을 통해 극대화되고, 두 사람은 이 관계를 통해서 서로 상대에게서 죽은 자의 흔적을 찾는다. 두 사람이 농장의 빈 창고에서 손을 맞잡고 탱고 춤을 추는 장면이 이를 잘 보여 준다. 탐은 프랑시스의 어둡고 폭력적인 과거사를 우연히 들은 후에야 비로소 프랑시스를 떠나고 가학-피학적 집착에서 벗어난다. 탐에게는 이 지점이 나르시시즘적인 관계의 종료이자 기욤을 재구성하는 위치가 된다.

프랑수아 오종의 〈나의 사적인 여자친구Une nouvelle amie〉(2014)은 친구를 잃은 젊은 여성의 색다른 애도작업을 그려낸다. 로라는 어릴 때부터 연인처럼 지냈던 클레어가 죽은 후, 장례식에서 클레어의 아이와 남편 데이빗을 자신이 돌보겠다고 다짐한다. 이후 영화는 감독 특유의 색채 이미지와 음악적 사운드 속에서 인물들의 정체성과 관계를 분열적으로 헤집으면서 성에 대한 관념을 파헤친다. 로라는 죽은 아내 클레어의 옷을 입고 여장한 채 아이를 돌보는 데이빗—여장한 데이빗의 이름은 버지니아—을 통해서 클레어를 기억에 담는다. 클레어를 떠나보내지 못한 그들은 서로에게서 상실한 대상을 재구성하려 한다. 로라는, 남자 데이빗이 온전히 여자 버지니아가 되는 지점에서 비로소 클레어를 재구성하는데, 남편에게는 버지니아를 '새 친구'(영화의 원제!)라고 소개한다. 로라가 죽은 클레어를 사랑한 이유가 밝혀지는 시점이자, 죽은 클레어에 대한 애도가 끝나는 지점이다.

두 영화는 모두 장례식으로부터 시작하여 애도작업을 통해서 상실한 대상을 재구성하는 데 관한 흥미로운 통찰을 보여 준다. 인물들은 대상 상실에 직면하면서 도착적인 방식으로 슬픔에 빠진다. 애도는 쉽게 끝나지 않으며, 사랑하는 대상을 상실한 자신을 연민하고 책망하며 애태운다. 나아가, 애도가 어떻게 자신과 동일시되었던 죽은 자로부터 자신을 분리하고, 어떻게 잃은 대상을 자신에게 새겨 넣을지에 관한 문제인지를 제기한다.

우울: 잉여-주이상스 혹은 도덕적 비겁함

그런데 사랑하는 사람을 상실하는 경험을 하였다 하더라도 실은 이 경험이 인생 최초의 상실은 아니다. 애도에서의 슬픔 경험은 그보다 훨씬 이전으로 거슬러 올라가 살펴봐야 한다. 리더의 말처럼, "우리는 이미 무언가를 상실한 적이 있어야 애도할 수 있다."[12] 이 상실은 최초의 상실, 즉 거세castration와 그 기능에 관련되어 있다. 우울은 거세에 대한 주체의 위치와 연관되어 드러나는 복합적인 현상들이며, 삶의 전반에 걸쳐 나타나는, 보다 보편적으로 경험되는 신경증이다. 개인적인 관점으로는, 이 현상이 구조적 진단 범주적인 질병이 아니라는 점에서, 우울증 대신 우울이라고 지칭하는 것이 더 타당해 보인다.

신경증적 우울 현상은 매우 다양한 방식의 주체 경험 속에 나타난다. 피에르-쥘 게강은 신경증 주체의 우울 현상들을 예시하는데, 여기엔 일자리를 찾는 데 필요한 사회생활에 대한 요구를 따르지 못하는 공포증, 억제가 너무 강해서 욕망에 대해 표현할 수 없는 강박증, 불만족으로 인해 공허감을 경험하는 히스테리 등이 포함된다.[13] 욕망에 대한 신경증 주체의 태도와 관련해서 나타나는 증상의 전형으로, 이들 우울의 공통점은 욕망하지 못한다는 데 있다. 임상 현장에서는 이런 구조를 바탕으로 변주된 증상들을 만나게 된다. 임상에서 흔히 만나는 현상들을 더하자면, 동질성을 강요하는 공포스러운 사회로부터 자신을 괴리시키는 고립, 행복이 얻어지지 않는다는 구실을 대는 히스테리적인 권태 혹은 귀찮음, 타자적 기준 앞에서 능력을 증명하는 데 실패했다고 여기는 강박적 의기소침 등이다. 우리 사회에서 자주 경험하는 우울의 흔한 신경증적 증상들이다.

물론 이런 우울은 현 시대의 특징만은 아니다. 프로이트가 『문명과 그 불만족』에서 설명하듯이, 오히려 문명 이래 꾸준히 지속되어 온 현상이다. 프로이트는 자연의 압도적인 힘, 육체의 연약함, 가족, 국가, 사회에서의 인간 상호관계를 조정하는 제도의 부족함 등이 인간이 행복해지기 어려운 고통의 근원이라고 말한다.[14] 우울은 이런 고통의 근원들에 의해 불만족하고, 불행을 얻고, 압도당한 상태로 흔히 여겨지곤 한다. 실제 임상에서 우울을 호소하는 환자들 다수가 우울의 원인으로 '스트레스'—'만병의 원인'이라고 속설로 대중에게 널리 퍼져 있는 그 스트레스—, 즉 외부의 가해 요인들을 지목하는 경우가 얼마나 많은가. 그런데 현대 의학적 의미에서 스트레스란 외적인 스트레스 요인과 이 스트레스 요인에 대한 개인의 반응—스트레스 반응—을 묶은 통칭이다. 달리 말하면, 외부의 자극 요인에 대한 주체의 신경증적 양식이 상호 작용할 때, 스트레스와 관련된 만병의 발생이 가능하게 되는 것이다.

프로이트에 따르면, 문명 속의 불만족을 경험하는 고통의 근원에는 주체의 가혹한 초자아가 작용한다.[15] 우울한 주체의 경우 초자아는 주체를 혹독한 고통으로 몰아간다. 신경증적 우울을 다룰 때 가혹한 초자아의 작용을 밝히는 작업이 중요해지는 근거다. 따라서 임상에서 우울 현상들을 다룰 때 외부 요인들을 제거하거나 증상들을 경감하는 데만 집중한다면 주체를 놓치게 된다. 초자아의 가혹성은 우울한 주체의 우울을 심화시킨다. 게강은, 라깡을 따라서, 우울이란 주체가 문명 앞에서 스스로에게 부과한 의무들에 대해 만들어 내는 대답이며, 주체의 이상이 높을수록 그리고 만족을 대체할 것들을 찾지 못할수록 심해진다고 지적한다.[16] 우울한 주체의 요구에 내포된, "사는 재미를 되돌려 달라", "쾌락을 누릴 수 있게 해 달라", "(세상과 사람이) 내가 원하는 대로 되게 해 달라"는 의미들은, 만족을 찾지 못하는 혹은 욕망하지 못하는 주체의 항변이다. 그러나 문명의 발달 속에서 시대를 지배하는 거대 담론을 따라 추구하는 행복은 실패할 수밖에 없다. 이때 우울은 주체에게 회피할 수 없는 필연이 된다. 따라서 우울의 구실이 되는, 만족을 채워주지 않는 대타자적 문명을 향한 비난과 탓하기는 주체의 무기력만 더하게 된다. 그것이 초자아의 요구사항인데, 주체로 하여금 자신을 고통 속에 반복 노출시키도록 하여 우울을 지속하게 만드는 경로가 된다.

여기서 주체에 작용하는 우울의 현상을 욕망의 상실과 관련하여 이해하기 위해 거세의 개념으로 돌아가 보자. 라깡은『세미나 XIV, 환상의 논리』에서 거세의 핵심은 주이상스의 빼기 subtraction라고 지적한다.

> 거세란 무엇입니까? 그것은, 꼬마 한스에서 제시된 공식, '작은 꼭지가 잘려나갔다'는 그런 것은 분명 아닙니다. 당연히 제자리에 남겨져 있으니까요. 분석 이론 어디서나 나타나는 문제는, 주이상스가 자체적으로는 얻어질 수 없다는 것입니다. … 거세는 주이상스의 빼기라는 것이 핵심입니다.[17]

거세는 물리적인 신체에 가해지는 공포가 아니라, 주체가 언어로 진입하면서 그리고 대타자로부터 분리되면서 주이상스를 상실하게 되는 것을 말한다. 여기서 주이상스는 성적인 주이상스이며, 주체가 대타자로부터 오는 시니피앙을 사용하게 되면서 포기해야 하는 것이다. 거세는 어머니에 대한 접근의 금지인데, 말하는 존재speaking being에게 신화적인 이 주이상스는 사실상 '불가능한 무엇'이다. 그러나 신경증 주체는 거세에 의한 주이상스의 상실을 숨기려 한다. 우울은 거세에 의한 이 결여(-φ)에 대해 주체가 선택한 위치다. 우울한 주체는 결여를 숨기기 위해 어떤 것에 의존하게 되는데, 그것이 잉여-주이상스surplus-jouissance이다. 피에르 스크리아빈은 라깡을 인용하여, 우울은 이 잉여-주이상스에 머물면서, 상실한 것을 보상하고 보충하고 되찾으려는 주체의 양식이라고 하였다.[18]

대타자에게서 분리된 주체에게 남겨진 찌꺼기인 잉여-주이상스에 머무는 것이 우울한 주체의 목적이라면, 주체에게서 우울 증상을 제거하려는 시도는 무의미하다. 주체는 어떻게 해서든 거세를 억압하려 저항하면서 찌꺼기를 붙잡고 우울을 유지하려는 전략을 펼칠 것이기 때문이다. 주체는 욕망의 상실과 이로 인한 우울한 슬픔에서 벗어나지 않으려 한다. 라깡은 이러한 주체의 태도를 도덕적인 문제로 간주한다. 라깡은 『텔레비지옹』에서, 우울은 도덕적인 비겁함moral failing이며, 나아가 우울한 주체는 항상 행복하다고 말한다.

> 우리는 슬픔에게 우울이라는 자격을 부여합니다. 왜냐하면 지지를 위해서 그것에 혼soul을 주기 때문입니다. … 그러나 그것은 혼의 상태가 아닙니다. 단순히 도덕적인 비겁함일 뿐이지요. 단테와 그리고 스피노자도 말했던: 죄악 즉 도덕적 나약을 의미합니다. … 주체는 행복합니다. 그것이 그의 정의인데, 주체는 행운이 아닌 어떤 것에도 신세지지 않습니다. 달리 말해 운명fortune인 것이지요. 그리고 어떤 행운이라도, 그것 자체가 반복하는 한에서는, 주체를 유지하는 무엇으로서 좋은 것입니다.[19]

물론 여기서 도덕은 사회의 표준적 규범을 의미하지 않으며, 행복이 쾌락을 뜻하는 것도 아니다. 우울한 주체의 행운은 잉여-주이상스에 내어준 자리에서 반복된다. 라깡의 관점을 요약하면, 우울은 주체가 즐기는 양식으로, 주체를 유지하고 지탱하는 좋은 행운이자 운명인 셈이다. 임상에서 우울을 호소하는 신경증 주체들은 어떠한가. 그들은 자신만의 즐기는 양식에서 무엇인가 균열이 발생했을 때 치료를 찾는다. 이 균열은 여러 증상으로 치환되어 있는데, 주체는 이 증상의 제거가 우울에서 벗어나는 것이라고 잘못 인식하여, 임상가에게 이를 제거해 달라는 치료를 요구한다. 우울증의 과잉진단과 자가진단은 이 요구에 정당성을 부여한다. 그러나 이 요구는 실은 주체가 즐기는 양식에 발생한 균열을 메워서 주이상스를 되찾아 달라는 요구에 지나지 않는다. 정신의학에서는 이 요구에 응하려고 절실하게 노력하지만 그리 성공하지 못한다. 증상을 줄이려는 시도는 여러 치료방법들—대부분의 경우 약물과 인지행동치료—을 통해서 어느 정도 성공하여 우울이 사라진 것처럼 보이기도 한다. 주체는, 아마도 다른 경로를 통해서 혹은 초자아의 명령에 따라, 즐기는 양식을 복원하였을 것이다. 정신의학의 순진한 목표와 성의 있는 실행은 주체가 다른 양식 속에서 행운을 복원하는 수단을 제공하는 데 그치기 쉽다. 우울 자체를 제거하려는 의사의 무모한 노력과 '행운'으로서의 우울을 즐기는 양식으로 유지해야 하는 주체의 전략은 근본적으로 서로 어긋날 수밖에 없다.

현 시대에 우울은, 우울증의 구호에서처럼, 누구나 경험하고 또 해방될 수 있는 고통으로 인식된다. 동시에 우울은 삶의 온갖 불만족을 던져 넣고 '즐기는' 쓰레기통이 되기도 한다. 생존이라는 가혹한 현실은 불행이라는 이름으로 드러나는 우울의 구실이 되고, 이런 고통들은 거세의 암초 너머에서 우울의 필연성을 주장하는 듯하다. 그러나 라깡의 관점에서 우울은, 거세로부터 맞이하게 된 주체의 존재적 도덕적 책임을 회피하고서 결여를 숨기려는 수단으로 삼으며 주이상스에 기대어 있는 주체의 서툰 구실에 불과하다.

거세를 은폐하는 구실: 짧은 사례

국내 임상에서는 우울이 주체의 거세를 은폐하는 구실이 되는 사례들을 흔히 볼 수 있다. 우울하고 자주 죽고 싶은 생각이 들어 병원을 찾은 22세 A군을 들어 보자.[20] A군은 대학을 다니면서 레스토랑에서 아르바이트를 하고 있었는데, 번 돈으로 페이스북과 여러 SNS를 최대한 활용할 수 있는 고기능성 태블릿을 구입하여 데이터 사용량에 구애받지 않고 맘껏 자유자재로 사용하는 것이 목표였다. 전공인 문학 공부는 SNS상에서 자신을 더 지적이고 멋있게 꾸미는 데 도움이 되었다. A군은 중산층 가정에서 자랐는데, 부모는 부유하게 살기를 희망하는 평범한 사람들이었고 여느 부모들처럼 A군이 더 안정적인 직장을 얻을 수 있는 쪽으로 진학하기를 희망하였다. 사업을 하는 아버지는 A군이 검사가 되기를 원했다. 전통적인 가부장적 가치를 존중하는 어머니는 A군을 아버지에게 순종하도록 항상 가르치며 타일렀는데, 어머니는 A군이 원하는 것을 부족함 없이 들어주고 항상 칭찬하면서 키웠다고 기억하였다. 반면 A군은 어릴 때부터 어머니는 자신에게 잔소리만 많다고 여겼으며, 아버지에 대해서는 말수도 적고 일만 열심히 해서 측은하다고 여겼다. 청소년기에는 어머니가 이런 아버지를 방패삼아 자신에게 강요한다고 느끼면서 어머니에게 줄곧 반항하며 보냈다. 반항은 주로 어머니가 공부는 안 하고 SNS만 한다고 다그칠 때 주로 일어났다. 주로 어머니를 자신에게 굴복시키는 방식으로 대들었는데, 예를 들면, 자신이 아는 문학가들을 들먹이면서, 어머니는 사회에 대해서는 전혀 모르는 무식한 사람이며 그런 어머니 때문에 자신의 학문적인 능력이 충분히 발휘되지 못하는 것이라고 비난하곤 하였다. A군은 이 무렵부터 우울했다고 여겼는데, 때로는 이렇게 사느니 차라리 죽는 게 더 낫다고 생각하기도 하였다. 병원에 내원한 것은 아르바이트를 시작한 지 한 달쯤 지났을 무렵부터 발생한 무력감 때문이었다. 수차례에 걸친 집중 상담 후 이 무력감이 발생할 당시에 대해 말하였다. 아버지가 사업상 법률적으로 어려운 문제로 인해 위기를 겪었고, "친척 중에 판검사 한 명이 있었다면 좋았을 텐데"라고 말하며 내쉬는 한숨 소리를 무심결에 듣게 되었다. 이후 무력감은 점점 커져 갔고, 태블릿을 얻는 것도 무의미해서 아르바이트도 그만두었으며, 자신은 더 이상 아무것도 못하게 되었다는 생각에 사로잡히게 되었다.

A군은 나르시시즘적인 자아 이미지에 대해 꾸준히 천착한다. 세상이 자신의 빼어남을 알아주지 않는다고 여기는 것 같다. 이런 경향이 청소년기에 어머니의 요구에 대한 갈등으로 이어지면서 우울한 자의 위치를 취하게 된다. 대신 SNS상에서 자신을 칭송해 줄 타인들을 향해 계속 말을 걸 수 있는 공간을 넓히려고 애쓴다. 법대와 로스쿨을 거쳐 검사가 되는 대신 (아마도 학교 성적을 포함한 이유들로 인해) 문학 전공으로 진학한 데 대한 양가적인 태도와 관련되어 있는 것 같다. A군이 표현하는 우울은 타자의 요구 앞에서 취한 주체로서의 위치이다. 한편으로는 나르시시즘적인 자아를 추구하면서 타자의 욕망에 응답하려 하지만 실패하게 되고, 이를 어머니 탓으로 돌려대면서 우울의 원인을 타자에게서 찾으려 한다. 이런 탓하기는 상대적으로 미약했던 부성기능 paternal function의 작용과 관련된다. 최근 우울이 무기력으로 이어진 중요한 계기는 아버지의 욕망에 직면하면서부터다. 변호사가 되지 못하는 자신을 향한 초자아적 질책으로 인해, 무기력하고 '아

무엇도 하지 못하는' 강박적인 상태에 빠진다. 상징적 거세의 모티브를 대면하게 되면서, 그 앞에서 굳어 버린 셈이다. 우울이라는 구실 속에서 타자의 욕망에 대한 질문을 회피 혹은 억압할 수 있었던 행운이 사라지는, 새로운 고된 국면에 접어든 것이다.

우울에서 욕망의 윤리로

그러면 우울을 어떻게 할 것인가. 우선은, 도덕적인 복원이라 할 수 있는, 주이상스를 포기하고 거세를 수용하며, 주체를 구성하는 상실과 결여의 차원을 따르는 것이다. 라깡이 『에크리』에서 기술한, 주이상스와 욕망에 대한 잘 알려진 설명을 상기해 보자.

> 우리는 말을 하는 그 누구에게나 주이상스가 금지되어 있다는 것을 유념해야 한다. 그렇게-또는, 달리 말해서, 법의 주체인 어느 누구에 의해서라도 암묵적으로 그렇게 말해질 수 있다. 왜냐하면 법은 바로 그 금지에 기초해서 세워지기 때문이다. … 거세란, 주이상스가 욕망의 법이라는 전도된inverse 도식 상에서 얻어지기 위해서는, 주이상스가 거부되어야 함을 의미한다.[21]

거세란, 말하는 주체가 출현하면서, 즉 그가 언어라는 상징계에 진입할 때, 주이상스가 포기되는 것을 뜻한다. 성적인 주이상스가 포기된 지점에 언어가 있게 되는 것이다. 브루스 핑크는 이에 대해, "육체에서 '짜내어진' 어떤 주이상스는 언어에서 재발견된다. 언어로서의 대타자가 우리 대신 즐긴다. 달리 말해서, 대타자 안에서 우리 자신들을 소외시키고, 대타자 담론의 지지대에 우리자신들을 등재시키는 한에서, 우리는 대타자 안에서 순환하는 주이상스의 일부를 공유할 수 있다."고 설명한다.[22] 주이상스를 희생한 주체는 대타자에게서 발견된다. 이제는 대타자가 문제가 되고, 욕망의 윤리가 따른다. 주체는 대타자의 욕망에 질문을 던지고, 주이상스의 주체에서 욕망하는 주체로 바뀌게 된다. 주체는 분리의 과정을 통해서, 대타자의 욕망 속에서 자신을 발견하고, 대타자의 결여를 통해서 대타자가 욕망하는 것을 알게 되며, 자신의 결여를 그곳에 위치시키게 된다.

이것이 라깡의 주체가 탄생하는 근본적인 과정이다. 당연히 이 욕망의 법은 우울한 주체에게서도 마찬가지로 적용된다. 정신분석 임상은 우울한 주체를 욕망하는 주체로 이끄는 담론을 포함하며 이 담론은 주체의 도덕적인 복원을 향한다. 즉 우울한 주체에게 남겨진 잉여-주이상스에 대한 해결책이다. 우울에 대한 도덕적인 복원이란 새로운 윤리를 따르는 것과 관련되며, 이 윤리는 욕망의 윤리이며 이에 따른 행위를 수반한다. 욕망의 윤리를 말할 때 우리는 라깡이 『세미나 VII: 정신분석의 윤리』에서 욕망에 관하여 던진 유명한 질문, "여러분은 자신 속의 욕망에 따라 행위해 본 적이 있습니까?"를 상기해야 한다.[23] 라깡이 욕망을 따르는 '행위'라고 말하는 데 주목하자. 욕망은 거세를 받아들인 주체의 욕망이며, 행위는 욕망을 구현하는 실행이다. 우울이라는 도덕적 나약함을 넘어서기 위한 주체의 윤리 또한 욕망에 대한 질문에 그리고 욕망에 따라 행위하는 데 있다.

그런데, 욕망의 윤리는 우울을 대하는 현시대의 보편적 인식들과는 대조적인 것이다. 하나는, 앞서도 살펴본 바와 같이, 고달픈 현실의 삶에서 채워지지 않았던 욕구가 실현되면 우울도 사라질 것처럼 여기는 인식이다. 현재의 몇몇 임상에서 볼 수 있듯이, 우울을 호소하는 주체에게 마치 어머니가 우는 아이에게 젖을 물리듯이 욕구를 채워 줌으로서 우울을 제거하려 한다면, 그런 충족은 불가능한 것일 뿐만 아니라 결국엔 실패에 이르게 될 것이다. 다른 하나는 사회적 표준과 관습 및 규범에 맞는 기능으로 되돌아가는 과정을 치료 목표이자 우울로부터 벗어난 표시라고 여기는 인식이다. 주체의 여러 이유로 이런 목표가 달성될 수 있을지 모르나, 주체의 주이상스와 욕망에 관해서는 어떤 의문도 제기하지 않는다. 이런 경향은 정신분석의 목적과는 뚜렷이 차별된다.

우울에 대한 정신분석적 치료가 있다면 그 방향은 정신분석이 욕망에 대해 던지는 근본적인 질문에 대답하도록 하는 데 있다. 거기에는 욕망의 변증법이 자리 잡아야 한다. 우울에 대한 윤리는 주체의 욕망에 대해 의문을 던지는 데서 출발한다. 그런 욕망의 담론은 정신분석 임상의 실행에서 개시될 수 있다.

멜랑콜리의 파토스

끝으로, 멜랑콜리에 대한 관점을 간략히 덧붙이려 한다. 위에서도 언급하였듯이, 임상에서 멜랑콜리는 신경증적 우울과는 달리 정신증 구조의 우울증이다. 멜랑콜리에서는 신체에 드러나는 현상이 두드러진다. 아마 정신의학에서 역사적으로 주요 우울증이라고 이름 붙여졌던 질병의 일부는 멜랑콜리였을 테다. 때로 신체에 증상이 나타나는데, 대표적으로는 식사, 수면, 체중에 직접 변화가 오는 소위 식물증상이다. 항우울제로 대표되는 약물은 신체에 직접 작용하는 치료방법이라는 점에서는 유익하다. 다른 한편으로, 우울과는 차별되는 또 다른 육체의 현상으로 주체에게 발현되기도 한다. 신체를 다루는 의학으로 설명되지 않는 모호한 신체증상들이 대표적이다. 예를 들면, 먹고 배설하는 것과 관련된 소화기관의 불편, 주체를 아픔에서 헤어나지 못하게 하는 만성 통증, 거울적인 육체 이미지에 대한 공격성과 음식에 대한 거부 같은 현상들이다.

이런 현상들은 아버지-의-이름의 폐제에 따라 실재에 남겨진 주이상스와 연관되는데, 정신증 구조에 육체적인 현상의 경험을 말로 설명할 수 있는 시니피앙이 없다는 것과 관련된다. 정신의학을 비롯한 임상 현장에서 현상 자체의 제거에 초점을 맞추고 여러 가지 다양한 방법들—주로 생물학적인 방법과 인지행동주의적 접근 등—을 시도하는 데 비해 그 결과는 그리 만족스럽지 않은 경우가 많다. 오히려 멜랑콜리화된 주체가 실재적 육체를 견디는 양식을 구축할 수 있도록 지지대를 마련해 주어야 하는데, 여기에 정신분석 임상의 역할이 있다. 이는 정신병에 대한 정신분석의 전략과 근본적으로 다르지 않다.

멜랑콜리가 정신병적 우울증의 어두운 고통인 반면, 멜랑콜리에서 인간 존재 본연의 특성을 찾아내고 밝히기도 한다. 키르케고르는 '멜랑콜리를 모르는 사람의 정신은 변화를 이해하지 못한다'고 하면서, 멜랑콜리를 인간의 구성적 속성으로 간주한다.[24] 키르케고르의 멜랑콜리를 정신분석의 멜랑콜리와 정확히 같은 것으로 볼 수는 없지만, 이러한 관점은 의학철학에서 중요한 과제가 된다. 특히 불안, 절망, 그리고 멜랑콜리아를 자연과학적인 방식으로만 다룰 수 없다는 데 당위성을 부여한다는 점에서다. 질병이라는 프레임 바깥에서 주체에 대해 사유할 때, 인간에 대해 훨씬 깊고 넓게 조명할 수 있는 가능성을 열어 주는 것이다. 멜랑콜리는 그런 인간의 근원적 속성 중의 하나다.

이런 속성은 철학과 예술에 있어서 더 두드러진다. 줄리아 크리스테바는 인생의 의미에 대해 회의적인 순간이 가져오는 철학적 성찰에 대해 논의한다. 크리스테바는 아리스토텔레스에게까지 거슬러 올라가야 한다고 하면서, 아리스토텔레스가 멜랑콜리를 병리학에서 끌어내고 그것을 본성에 위치시키면서, 멜랑콜리를 새로운 개념으로 개척하였다고 본다. 히포크라테스의 체액과 기질이론에서 끌어낸 '검은 담즙melaina kole'은 예외적인 하나의 성격이며, 멜랑콜리는 철학자의 질병이 아니라 본성 자체 즉 에토스éthos이다.[25] 뿐만 아니라 멜랑콜리는 슬픔 속에서 아름다움을 발견할 수 있는 힘을 가지고 있기도 하다. 크리스테바는 '고통을 명명하고, 찬양하며, 가장 미세한 구성요소들로 분해하기는 슬픔을 해소시키는 한 가지 방법'이라고 하면서, 멜랑콜리가 만들어 낼 수 있는 미美에 예술적 승화의 가치를 부여한다.[26]

철학적이고 예술적인 멜랑콜리의 본성에 관한 사례는 많다. 수전 손택이 묘사하는 발터 벤야민에게서도 찾아볼 수 있다. 손택은 벤야민이 스스로를 토성의 궁에서 태어났다고 말한 데서 철학자의 멜랑콜리를 가져와서 '토성적 기질'이라고 명명한다.[27] 느리고, 우회하고, 지연하는 토성의 특성에서 심오한 슬픔 혹은 우울의 열정을 찾는 것이다. 위장과 비밀스러움으로 둘러싸여 있는 토성적 기질은 스스로의 자의식에 대해서조차 냉혹하게 해석하고, 느림의 불충실을 통해 더 심오하고 더 숙고한 신의를 지키며, 죽음의 그림자에 쫓기기 때문에 세상을 어떻게 읽어야 할지 알고, 세상을 사물로 볼 수 있게 되는 위안과 환희를 얻는다. 토성적 기질의 이러한 특성은 멜랑콜리의 고독과 몰입에서 나온다.

우리는 여기서 질병화 낙인이 찍히지 않은 '위대한 멜랑콜리'를 발견한다. 철학과 예술은 멜랑콜릭이 세상 속에서 자신을 다스리고 세상을 바라보는 놀라운 통찰로 이끌어 준다. 멜랑콜리가 어떻게 주체를 철학으로 이끌어 갈 수 있는지에 대해서 욕망과 대상의 문제에 관한 슬라보예 지젝의 설명을 통해서 살펴보자.

멜랑콜릭은 상실된 대상에 일차적으로 고착되어 그 대상에 대한 애도 작업을 수행하지 못하는 주체가 아니다. 오히려 그는 대상을 소유하고 있지만, 대상에 대한 욕망을 상실한 주체다. 대상을 욕망하게 만든 원인이 퇴각하여 대상의 효능을 상실했기 때문이다. 멜랑콜리는 욕망의 좌절이라는 극단적인 상황을 강조해서가 아니라, 결국에 욕망하는 대상을 얻었지만 그것에 실망하게 될 때 발생한다. 바로 이런 의미에서 멜랑콜리(실제적이고 경험적인 모든 대상, 그러나 어떤 것도 우리의 욕망을 만족시킬 수 없는 대상에 대한 실망)는 철학의 시작이다.[28]

지젝에 따르면, 멜랑콜리란 어떤 대상도 주체의 욕망을 만족시킬 수 없다는 실망 즉 욕망의 상실이다. 멜랑콜릭은 대상을 상실한 것이 아니라 욕망을 상실한 것이며, 이런 '욕망의 상실'이 철학이 '시작'되는 곳이라는 말이다. 이는 우리를 다시 욕망의 윤리에 관한 라깡의 명제로 이끈다. 욕망에 대한 멜랑콜릭의 질문으로부터 그리고 이 질문에 대한 해답으로서의 행위를 통해서, 세상에 대한 놀라운 통찰과 사물에 대한 승화의 아름다움을 덤으로 얻을 수 있을지 모른다. 이때 멜랑콜리의 슬픔과 고독은 주체가 존재를 견디는 중요한 버팀목이 된다.

　이제 임상으로 돌아가자. 현실의 임상 현장에서는 마치 대상을 찾아주려는 듯한 시도가 상당히 이루어진다. 다양한 분야에서 온 여러 '치료'의 이름들이 그렇게 한다. 마치 흔히 이 시대의 어머니가 아이를 대하듯이 부족함 없이 대상을 채워줄 듯한 '너무 가까운' 모성적 위치를 취하려 한다. 하지만 멜랑콜릭에게 대상을 찾아주려 시도한다면 실패할 수밖에 없는데, 지젝의 표현을 빌리면 그는 이미 대상을 가지고 있기 때문이다. 멜랑콜리는 대상으로부터 분리되지 못한 채, 대상과 여전히 근접해 있는 주체다. 이 근접성을 어떻게 할 것인지가 주체의 문제일 텐데, 이 지점이 멜랑콜리가 욕망의 윤리와 마주치는 곳이다.

Notes

1 Frances A., *Saving Normal: An Insider's Revolt Against Out-of-Control Psychiatric Diagnosis, DSM-5, Big Pharma, and Medicalization of Ordinary Life*. New York: William Morrow, 2013. pp.154-157. 『정신병을 만드는 사람들』. 김명남 옮김, 사이언스북스, 2014, 232-237쪽.

2 Miller J-A., *Massive Propaganda to Track Down Depression*. Lacanian Ink 31, Spring, 2008.

3 Leader D., *The New Black: Mourning, Melancholia and Depression*. London: Penguin Books, 2009, pp.15~17. 『우리는 왜 우울할까』. 우달임 옮김, 동녘사이언스, 2011, 23-24쪽.

4 Parker G., *Is Depression Overdiagnosed? Yes*. British Medical Journal, August 16, vol. 335, 2007, p.328.

5 Frances A., op. cit., 질병의 명칭과 설명을 국내 정신의학 용어에 맞추어 번역을 수정하였다.

6 Leader D., op. cit., pp.18~20. 국역, 25-27쪽.

7 Freud S., *Mourning and Melancholia*. The Standard Edition, Vol XIV(1914-1916). Trans. by James Strachey, London: The Hogarth Press, 1957, p.244.

8 Grigg R., *On Dreams and What Cannot Be Forgotten*. Presented on Kyoto International Colloquium for Lacanian Psychoanalysis, 11, April, 2014.

9 Leader D., op. cit., pp.100~154. 국역, 118-177쪽.

10 Lacan J., *The Seminar of Jacques Lacan, Book VI, 1958-1959, Desire and Its Interpretation*. unpublished, p.198.

11 Grigg R., op. cit.

12 Leader D., op. cit., p.130. 국역, 150쪽.

13 Guéguen P-G., *The Ethics of Depression*. Analysis, No.6, 1995, pp.99-104.

14 Freud S., *Civilization and Its Discontents, The Standard Edition, Vol XXI(1927-1931)*. Trans. by James Strachey, London: The Hogarth Press, 1964, p.86.

15 Ibid, pp.123-145.

16 Guéguen P-G., op. cit.

17 Lacan J., *The Seminar of Jacques Lacan, Book XIV, 1966-1967, Logic of Phantasy.* unpublished, pp.172-174.

18 Skriabine P., *La Dépression dans la Clinique Psychoanalytiaue.* Presented on La Psychanalyse Lacanienne Programme de Conférence Internationales, Seoul, 4, April, 2000.

19 Lacan J., *Television.* Ed. by Joan Copjec, Trans. by Denis Hollier, Rosalind Krauss and Annette Michelson, New York: W.W. Norton & Company, 1990, p.22.

20 이 사례는 실제 여러 임상 사례들을 기반으로 재구성한 가상 사례이며, 병리적인 특성과 논의의 핵심은 임상 현장에 근거를 두고 있다.

21 Lacan J., *The Subversion of the Subject and the Dialectic of Desire.* In Écrits, Trans. by Bruce Fink, New York: W.W. Norton & Company, 2006, pp.696, 700.

22 Fink B., *The Lacanian Subject: Between Language and Jouissance.* New Jersey: Princeton University Press, 1995, p.99. 『라캉의 주체: 언어와 향유 사이에서』. 이성민 옮김, 도서출판b, 2010, 186쪽. 번역 일부 수정.

23 Lacan J., *The Seminar of Jacques Lacan, Book VII, 1959-1960, The Ethics of Psychoanalysis.* Ed. by Jacques-Alain Miller, Trans. by Dennis Porter, New York: W.W. Norton & Company, 1992, p.314.

24 Wulff H.R., Pedersen S.A., Rosenberg R., *Philosophy of Medicine.* London: Blackwell Scientific Publications, 1990, pp.124-130.

25 Kristeva J., 『검은 태양-우울증과 멜랑콜리』. 김인환 옮김, 동문선, 2004, 16-20쪽.

26 Ibid., 125-132쪽.

27 Sontag S., 『우울한 열정』. 홍한별 옮김, 시울, 2005, 65-93쪽.

28 Žižek S., *How to Read Lacan.* London: Granta publications. 2005, pp.67-68. 『How to Read 라캉』. 박정수 옮김, 웅진 지식하우스, 2007, 105쪽. 번역 일부 수정.

실존의 고통, 고양된 멜랑꼴리와 사회적 연대
Douleur d'exister, mélancolie magnifiée et lien social

로뮈아 아몽 Romuald Hamon[*]

장-뤽 가스파르 Jean-Luc Gaspard[**]

오늘날, 과학은 비하와 비탄의 효과들을 내는 부당함, 좌절, 무
가치함 등의 감정들을 수반한 고통을 조금만 드러내도 우울증
자라고 말하곤 한다. 뇌의 주름 속에 원인이 있다고 가정되는
질병인 우울증은 각종 '해피 필'(항우울제) 판매자들에게 성공을
가져다주었다. 우리의 현대성 속에서는 슬픔에 대한 권리가 사
실 금지되어 있음을 보여주는 대목이다.

하지만, 알다시피 우울증의 경계선이 분명하지 않아서 임상
단위가 모호하고 분산되어 있는 실정이다. 거기서 갈피를 잡기
위해서는 당연히 슬픔이라는 정동의 주체적인 결정을 살펴보아
야 할 뿐 아니라, 주이상스와 주체의 관계를 탐구하면서 나르시
시즘, 탈존의 정념으로서의 우울한 정동을 분리해내야 한다. 이

[*] 정신분석가, 렌느2대학교 임상정신병리학과 및 4050 연구단 정신병리학 연구:
새로운 증상과 사회적 연대 연구소 교수
[**] 정신분석가, 렌느2대학교 임상정신병리학과 교수, 4050 연구단 부속 정신병리
연구: 특정 장과 실천 연구섹터장. 한스 정신병리연구센터 수퍼바이저

경우엔 리비도가 프로이트가 말한 쾌락 원칙 저편에서 죽음과 분리되지 않는다. 라깡은 가르침의 마지막 시기, 『텔레비전』[1]에서 이러한 감별적 임상을 강조했다. 라깡은 신경증적인 우울증(욕망을 포기한 신경증적 주체의 도덕적인 비겁함과 결합)과 아버지-의-이름의 폐제 때문에 무의식이 거절된 멜랑꼴리적인 정신병을 구분해내길 권유했다.

멜랑꼴리 환자의 심적 고통, 프로이트가 말한 "죽음충동pulsion de mort의 순수한 배양"[2]은 "실존의 고통"이다. 『사드와 함께 칸트를』에서 라깡은 멜랑꼴리에서는 일종의 순수한 상태의 고통이 나타난다고 명시한 바 있다. 그럼에도 멜랑꼴리적인 주체는 그러한 고통을 자신의 원인으로 만들 수 있다. 다시 말해, 고통으로부터 시작해서 자신을 시니피앙화하여 세계 속에 기입할 수 있는 것이다. 우리가 소개하게 될 마리옹Marion 사례가 이를 증언해줄 것이다. 마리옹은 스스로 대상으로 추락함으로써 사회적인 연대를 구성할 수 있었다. 우리는 현재 마리옹이 의지하고 있는 해결책이 얼마나 엄밀한 시도에 의해 이뤄졌는지를 살펴보고, 더 나아가 멜랑꼴리적인 주체로 하여금 스스로 대상으로서 위치하도록 몰아붙이는 현시대 사회연대의 멜랑꼴리화에 질문을 던져볼 것이다.

실존의 순수한 고통

멜랑꼴리적인 정신병 환자가 겪는 실존의 순수한 고통은 꼬따르 신드롬le syndrome de Cotard[3] 속에서 더 없이 분명하게 나타난다. 망상적인 죄의식과 종종 천형에 처해 있다는 생각을 바탕으로 전개되는 부정의 망상을 통해 주체가 자신의 치욕스러운 존재 때문에 썩거나 더럽혀졌다고 여기는 모든 것이 자신의 잘못으로 인해 제거되고 죽고 박멸된다. 영속하는 것의 존재를 부정하는 것처럼 보일 수 있겠지만, 멜랑꼴리 환자는 오직 한 가지 진리만을, 자신에게 분명하게 부과된 하나의 진리만을 주장할 뿐이다. 자신이 더 이상 육체, 기관, 가족, 지성, 영혼을 가지고 있지 않다는 것이다. 모든 것이 제거되었고 파괴되었다. 더 이상 아무것도(세계도, 시간도, 도덕도, 신도) 존재하지 않는다. 부정이 전지구화되면, 스스로 불멸의 존재라고 느낄 수 있을 것이다. 하지만 그러한 과대망상적인 양상서조차 꼬다르 신드롬은 슬픈 망상으로 남는다. 세글라는 "멜랑꼴리 환자들은 그들의 해악을 영원하게 지속시키기 위해서만 불멸의 존재가 된다"고 말한 바 있다.[4]

그들은 더 이상 아무것도 아니기 때문에, 죽은 것도 산 것도 아닌 채로, 운명으로 받아들여야 마땅한 끝없는 단말마의 고통 속에 영원히 묶여 있다. 그리고 자신들의 파렴치함이 그 원인이라고 탓하면서 그 누구도 기억하지 못하는 영원한 사자들 속에 내던져진 것이 당연하다고 말한다. 영원한 죽음이라는 형벌에 처해진 그들은 그 공간 속에서 무시간과 무한함으로 이뤄진 우주, 그 절망스럽고 비인간화된 우주를 설명할 수 없다. 그 속에서 그들은 세계 밖에 있는 규정될 수 없는 존재의 삶을 영위한다. 그러한 두-죽음 사이의[5] 지대에서 그들은 모든 이타성이 제거된 세계를 헤매고 있다. 그곳은 힘없는 망자들이 정처 없이 떠돌고 있는, 수선화 만발한 저 슬프고 단조로운 연옥에서처럼 시니피앙의 힘이 소멸해 버린 곳이다.

삶이 죽음이나 다름없고, 무의미한 이 고통스러운 생존이 실존의 순수한 고통이다. 더 이상 타자l'Autre 를 의지할 수 없는 주체는 극도의 혼란 속에서 모든 욕망이 사라짐을 경험한다. 그것은 사실 순수한 고통, 아무것도 결여하지 않는 것에 대한 고통이다. 그로 인해 그들은 누군가가 자신을 파멸시켜 주길 애원하게 된다. 자신에게서 삶을 빼앗아 결여를 만들어 주길 애원하는 것이다. 혹은 적어도 가장 빈번하게는 자상(自傷)처럼 시니피앙적인 분절을 새기는 일이나 자살로 목숨을 잃는 행위로 이행하게 된다.

이러한 실존의 순수한 고통이 확장되면 과대함에 대한 망상에 이를 수도 있다. 이러한 형태의 꼬따르 신드롬 속에서 주체는 시간뿐만 아니라 또한 공간 속에서도 무한하다. 그들의 불행한 영원성은 흉측한 광대함과 결합하게 되지만, 그럼에도 만성적으로 과대망상mégalomanie을 가진 사람들에게서처럼 자신이 위대하다는 느낌을 주진 못한다. 어떤 사람들은 스스로가 몽블랑이라고 상상하고, 또 어떤 사람들은 자신의 머리가 늘어나고 팽창되어 별들에까지 도달할 수 있을 것 같다고 여긴다. 시니피앙적인 분절과 고정 없이 육체의 이미지가 공간과 동일한 하나의 덩어리를 이룰 만큼 부풀어 오른다. 그렇게 멜랑꼴리 환자는 아무것도 아니지만, 모든 것이 된다.[6] 상징적으로 자신을 덜어 낼 수 없으니 단일하고 괴기스러운 전체가 되어 하나도 빼놓지 않고 모든 것을 포함하게 된다. 자신이 세계 밖에서 무한한 상태로 사자들과 함께 영원성의 형벌에 처해졌다는 느낌을 가지고 멜랑꼴리 환자는 상상계의 영향 속에서 완전함을 이루게 된다.[7] 넘치지 않고 가득 채워지면서 이타성 없이 무한한 채로 절대적 일자와 합일되고 동일시된다.[8]

우리가 소개할 사례의 주인공인 마리옹은 한때 스스로가 "유령, 혼령"이라고 느꼈다. 그는 실제로 자신이 "병든 사람", "뒈질 권리가 없는, 세계를 어슬렁거리는 환자"라고 확신했다. "죽음조차도 저를 두려워해요. 죽음은 불행 속에 저를 영원히 버렸어요." 그럼에도 부정과 불멸성이라는 관념을 발전시키기보다, 그녀는 망상 속에서 자신의 파렴치함을 정확히 심판해 줄 수 있는 무언가를 고안해 내려고 했다. 이와 관련해서 멜랑꼴리 환자 특유의 엄정한 그녀의 노력은 꼬따르 신드롬뿐 아니라 그것의 과대망상적인 팽창과도 달랐다. 이는 경악스럽고 불안한 편집증적인 형태 속에서 끔찍한 죄악을 반복하며 그 책임을 지기 위해 영원히 자신을 희생할 수밖에 없는 보통의 멜랑꼴리적인 망상의 옹색함을 뛰어넘는 노력이었다. 마리옹은 실존의 고통에 근거해 그러한 고통을 고양시키고 스스로 대상으로서의 위상을 극단적으로 떠맡으면서 사회적 연대를 만들어 냈던 것이다.

자기비난, 방탕한 타락

22세의 마리옹은 "자신의 얼굴에 먹칠하는 것을 그만두기" 위해 우리를 찾아왔다. 직업재활을 맡았던 사회복지사가 그녀의 과소평가하는 습성을 보고, 한번 고쳐 보라고 치료를 권유했다. 사회복지사 말로는 마리옹은 그런 과소평가 때문에 일부러 스스로를 폄하시켰다는 것이다. 하지만 마리옹은 "내 일로 그를 슬프게 하지 않으려고" 그의 말을 들었지만, "헛수고였다. "나는 세상을 속이지 않아요. 나는 정말로 바보에요." 식당 일을 할 때의 "방탕함"이 그 증거라는 것이다. 그녀는 우리를 증인으로 세우면서 자신의 '불행과 무가치함'이 무엇 때문인지를 '폭로하게'

되었다. 얼마나 불행하고 무가치한지는 자신이 '패배'의 시기에 문신으로 그것을 몸에 새겨 넣었을 정도였다고 한다.

우리를 찾아왔을 때 마리옹은 식당 종업원 일을 그만두던 참이었다. 동료들의 말은 집에 가서 좀 쉬고 오라는 뜻이었는데 그녀는 집으로 돌아간 다음, 다시는 출근을 하지 않았다. 그녀는 동료들의 권유를 "도시를 떠나라"는 말로 받아들였다. 그때부터 그녀는 더 이상 잠을 잘 수 없었다. 그 '영예로운' 레스토랑에서 자신이 저지른 '용납할 수 없는 행동'이 공개되지 않을까 두려운 마음으로 극도의 불안감에 사로잡혀 곱씹어 생각하고 입을 다물었다. 그녀는 자신이 그곳을 '문란하게 만들었다'고 생각했다. 사람들이 자신에 대해 '수군거리는' 소리가 그 증거라고 했다. "사람들은 내가 손님과 관계를 가졌다고 말해요." 그러한 소문은 비방이 아니다. 그녀가 화가 난 것은 사실 환각적인 목소리-대상 속에 담겨 있는 모욕적인 성적인 주제 때문이 아니다. 멜랑꼴리적으로 발병한 정신증에 속한 마리옹은 자신의 무죄를 주장하지 않고, 스스로 죄인이라고 느꼈다. 자신의 '엉덩이의 움직임'이나 '종업원으로서의 태도와 옷차림'을 탓하면서, "이상한 남자의 팁을 받아서 식당을 타락시켰다"고 스스로를 비난했다. 그녀는 그 사건이 자신을 혼란 속에 빠뜨렸고 방탕한 사람이라고 혐의를 갖도록 만들었다는 것을 강조했다.

조심스럽긴 했지만, 마리옹은 자신이 부도덕하다고 격렬히 단죄했고, 또 그만큼 광란적으로 자신을 비난했다. 그리고 자신은 비천하다고 공공연하게 밝혔다. 멜랑꼴리 환자로서 스스로를 상징계의 쓰레기, 대상 a^9와 동일시했기 때문에 모든 것에서 스스로가 비천하게 느껴진 것이다. "나는 공포 그 자체에요."

"나는 바보에요. 나는 무뇌충이에요." "내가 얼마나 머저리 같고, 추한지 생각하면 당연한 일이에요. 나는 똥이자 오물이에요." 당시에는 어떠한 위로도 그녀의 무가치함을 줄여 줄 수 없었고, 그녀의 죄의식을 경감하려는 모든 시도는 곧장 돌이킬 수 없는 비난으로 받아들여졌다. 그녀를 변호하려는 것은 그녀의 무책임함과 과오를 확신하게 만드는 요소가 되어 그녀를 더 한층 괴롭혔던 것이다. 마리옹은 자신이 잘못했기 때문에 타자에 대해 책임져야 한다고 생각했지만, 그것은 "자신만의 패션"을 갖게 되면서 완화되었다. 그녀는 검은 천 조각을 이어붙여 만든 옷으로 "끔찍하게", "아무렇게나", "더럽게" 입었다. 그렇게 입으면 '자신의 태도가 유혹적이지 않을 것'이라 생각하면서 우리의 동의를 구했다(이 사례에서 이것은 중요한 문제였다). "내가 괴물 같으니 나를 쳐다보는 남자는 없을 거예요." 자신의 거울이미지가 똥이 되면 자신을 외설성[10]으로부터 보호할 수 있었다. 그녀는 외설성을 걸러내면서 자신이 구현한다고 느끼는, 자신을 괴롭히는 그 추잡한 주이상스를 처리했다. 게다가 그녀는 사회복지사가 일자리를 얻기 위해서는 "용모를 가꾸어야 한다"고 자신을 애매한 말로 다그칠 때, 그러한 주이상스를 간파했다. "제가 어찌할 수 없는 커다란 불행이 일어날 거예요. 하지만 저는 순응했어요." 자신만의 패션을 포기했을 때, 마리옹은 대상으로서의 자신의 위치를 처리하는데 막다른 골목을 만났다. 그것을 없애려면 자신의 육체의 이미지를 퇴락시켜야 했다. 그러면서 자신의 외설성으로 더럽혀지지 않은 쓰레기로서의 조건을 받아들이려고 했다. 그녀 자신이 멜랑꼴리 환자로서 지속적으로 관계를 맺었던 분노한 타자에게 약간이나마 부응하기 위해서 말이다. 그렇게 하면서 그녀는 자신에게 타락의 징조인 방탕함에 대한 두려움을 제한할 수 있었다.

멜랑꼴리적인 무가치함을 이렇게 독창적으로 처리하게 된 것은 마리옹이 자신의 정신병을 극복하기 위해 모색했던 역설적인 해결책 덕분이었다. 해결책은 고딕소설을 배경으로 스스로를 대상 역할에 두는 것이었다. 그녀의 패션에 영향을 준 것도 고딕소설에 나오는 미학적인 묘사들이었다. 엄정한 그녀의 노력에선 상징계의 쓰레기와 극단적으로 동일시하는 논리가 작동하고 있었다. 그러한 논리를 규명해 보면서 그녀의 "패배"에 대해, 다시 말해 정신병의 발병에 대해 살펴볼 수 있을 것이다.

죽음충동의 활성화와 자기처벌

열아홉 살에 마리옹은 대학입학자격시험을 통과했고 그녀의 엄마처럼 인사과 간부가 되기 위해 대학에 입학했다. 하지만 집을 떠나는 것이 두려웠는데, 그런 자립은 "엄마 없이 사는 것"을 의미했기 때문이다. 마리옹은 언제나 "결정을 해 주는 그 여자"가 부과하는 이상적인 시니피앙들을 따랐다. 아버지-의-이름의 폐제로 인해, 자아이상을 세워 주는 단항적 필적 아래 자신을 기입할 수 없었던 마리옹은 주체의 감별적인 지표(S1)를 갖지 못했다. 그래서 그녀는 자신을 개별화해 줄 수 있는 지표를 찾아서 상상계에 눌러앉는다. 어머니의 욕망에 의거해 행동하면서 그녀는 그러한 지표를 가상의 방식으로 확보한다. 많은 정신증자들에서처럼 그녀는 "일종의 외적인 모방을 통해서만"[11] 시니피앙의 작용 속으로 들어가게 된다. 도이치[12]가 강조한 "as if"의 임상은 "주이상스의 주체들"[13]이 타자를 의존하면서 자신의 단일화된 일관성을 확보하기 위해 사용하는, 상상적인 것을 통한 보상의 방식을 이해하는 데 중요한 자원이다. 그럼에도 그런 식의 정형술은 불안정한 채로 남아 있는데, 왜냐하면 그것은 그 타자가 그것을 더 이상 지탱해 주지 못하면 무너질 염려가 있기 때문이다. 마리옹의 정체성을 지탱해 준 지지대는 그녀가 홀로 서는 과정에서 어머니의 지지를 잃는 순간 무너지게 된다. 그녀는 이를 명료하게 진술했다. "엄마가 더 이상 옆에서 나를 이끌어 주지 않아요. 무엇이 좋은 것이고 무엇이 나쁜지를 말해 주지 않아요. 엄마는 내가 날아가도록 둥지에서 밀어 버렸어요. 나는 떨어져서 똥처럼 으깨졌어요. 나는 내가 무엇인지를 더 이상 알지 못해요. 엄마도 역시 나를 알아보지 못해요. 더 이상 열심히 공부하지 않았고 노는 데만 빠졌죠."

그녀의 삶의 과정을 바로 잡아 주던 어머니의 간섭이 사라지고 나서, 마리옹이 가지고 있던 삶에 대한 지식에 균열이 생기기 시작했다. 그녀는 스스로를 아무도 아닌 것처럼 느끼고 자신의 정체성이 작위적이라는 것을 깨닫게 된다. 그녀 자신이 소중하게 여겼던 이상적인 이미지, 어머니의 욕망 속에서 "잘 자란 착한 학생"으로서 그녀가 느끼고 순응했던 이미지가 깨져 버린 것이다. 엄마가 씻지 않는다고, 타락한 학생이 되었다고, 긴장이 풀렸다고 혼을 내면서 그러한 이상적인 이미지는 깨져 버렸다. "엄마의 삶을 썩게 만들고" "둘 사이의 관계를 오염시켰다"는 생각을 하면서 그녀는 다리에서 뛰어내려 "똥처럼 찌그러지는" 행위로 이행하겠다고 마음먹었다. 이는 자신의 잃으면서 아름다운 세상을 복원하는 일이 될 것이었다. 그리고 엄마가 "딸의 더러움에 의해 스트레스를 덜 받게 되면" "보다 건강한 삶"을 살게 될 것이라고 믿었다. 결국 친구 한 명이 만류하며 그녀를 며칠 동안 시골에 내려가 있도록 설득했다. 시골에 머무는 동안, 그녀는 결정적인 만남을 했다. 공포영화를 보고 인터넷에서 고딕적인 세계에 속한 사람들과 대화를 나누는 질Gilles을 만나게 된 것이다. 그들의 짧은 우정이 진행되는 동안, 그녀는 "하나의 철학"을 발견했다고 말했다.

당시에 그녀는 질의 문신에 매혹되었다. 그 문신의 상징은 에이즈보균자를 암시하는 것이었다. 그는 그녀에게 그것은 "불행의 문신", "대다수의 사자들에게 주먹감자를 날리는 일"이라고 말했다. 질의 말을 들으면서 마리옹은 그것이 그가 환자이고, 그가 저주받았기 때문에 그것을 자신의 '또 다른 자아'로서 생각하고 있다는 사실을 다른 사람들에게 보여 주면서 겁을 주는 방법이라고 생각했다. 그를 만나고 나서 그녀 역시 자신의 불행에 형태를 부여하기 위해 문신을 새기기로 결심했다. 그녀는 자신의 불행을 환기시키기에 적합한 표시로 666을 선택했다. 그녀는 항상 "육, 육, 육"이라고 발음했다. 그녀는 스무 살과 스물두 살에 아랫배와 어깨에 두 번 그 문신을 했다. "야수의 숫자", 그리고 그녀가 이와 비슷한 의미로 사용하는 "공포, 불행, 감염"의 숫자 등은 종교적인 담화와 관련된 것이 아니다. 마리옹은 찌꺼기로서의 자신의 존재를 각인하고자 문자 그대로 문신을 자신에게 새겨 넣었다. 처음에 문신은 질을 닮고자하는 동일시 때문이었다. 그녀가 의심의 여지없이 죄악이 점점 더 과도해지고, 그러한 죄악으로 인해 육체가 곪아 터졌다고 생각하던 시기의 일이었다.

질과 헤어지고 나서, 마리옹은 자신이 엄마를 불행하게 만든 사람이라고 확신하며 괴로워했다. 그녀는 무제한적인 육체적인 고통, 특히 "내장이 꼬이는 고통"에 사로잡혔다. 고통과 함께 그의 육체를 점유해 버린 미친 주이상스의 체험으로 그녀는 자신이 "바이러스에 감염되어" "썩고" 있다는 느낌을 받았다. 그녀는 웃으면서 이렇게 말했다. "제가 지불한 것을 생각하면 우글거리는 것도 당연해요. 제 몸은 공포영화의 좀비처럼 썩어서 내장이 흐느적거리는 것 같아요." 이러한 히포콘드리아 망상이 진행되는 동안 마리옹의 몸은 시체처럼 되었다. 그녀는 자신의 육체가 남근적인 가치를 완전히 잃어버린 채 부패하는 것을 보았다. 그 어떤 상상적인 내용물도 상징계의 찌꺼기에 대한 멜랑꼴리적 동일시를 가려 주지 못했다. 바로 그 시기에 그녀는 "심리학자들이 말하는, 정신이 육체에 미치는 영향을 몸소 느끼고 체험했다." 그녀는 그것을 이렇게 설명했다. "저는 제 생각을 통해 다른 사람들의 삶을 썩게 만들었어요. 저의 썩은 생각들을 가지고 감염시킨 거죠. 저는 공포 그 자체예요. 저는 그걸 느낍니다. 6, 6, 6이란 그것을 가리키는 숫자죠. 저는 그것을 문신했어요. 당연한 일입니다." 그녀가 보여 주는 이러한 냉소주의는 그녀가 그 이후에 자신의 대상적인 추락과 대면하기 위해 고안해 낸 아이러니한 해결책이라고 할 수 있다.

마리옹은 실제로 도덕적이고 육체적인 부패를 나타내는 기호를 몸에 문신했다.[14] 그녀는 야수의 숫자를 아랫배에 새겨 넣은 후에 "평화를" 느꼈다고 말하지만, 그녀가 당시 자신의 수동적인 존재에 가해진 시니피앙과 거세의 법에 종속되지 않는 주이상스를 처리할 수 있었던 것은 단순히 그러한 문신 때문이 아니다. 666은 당연히 그러한 주이상스를 암호화한 숫자이다. 실제로 그 숫자는 공포, 불행, 감염 등과 같은 시니피앙적인 배분 속에서 그러한 주이상스를 고착시키고 정돈하면서 제어하는 것처럼 보인다. 하지만 그녀를 감염시키고 괴롭히는 해로운 주이상스를 조직하기보다, 마리옹은 그녀가 지적한 대로, 표상의 장에서 반복되는 것에 형태를 부여하는 것으로 만족했고, 그것을 공포, 불행, 감염을 구현하는 표상으로 가리켰다. 666 도안은 그 시니피에의 효과로서, 대상 a와의 동일시를 나타냈다. 마리옹은 그 "야수의 숫자"를 문신하면서, 그녀의 해석에 따르면, 타자의 장에서 파렴치함에 대해 유죄선고를 하는 법령을 스스로 어깨 위에 짊어지는 것을 감내한 것이다. 그녀는 자기 자신을 비꼬면서 형벌과 처벌이라는 명목 아래 찌꺼기로서의 자신의 존재를 각인하는 문신을 자기 몸에 새겼다. 이러한 자기처벌과의 관련 속에서 그녀의 몸이 시체처럼 되었다는 것은 어떻게 해서 그녀가 "666"을 고통스럽게 새겨 넣을 때 안정화되었는지를 이해하게 해 준다. 그러나 미친 주이상스를 진정시키는 작용을 진정으로 가능하게 해 준 것은 그녀가 이후에 전개한 "철학"이라는 것을 알 수 있다. 그녀만의 패션이 나타난 것은 그 "철학" 덕분이다. 그녀는 그녀가 선구자라고 말한 질과의 만남을 기념하는 날에 두 번째 문신을 행했다. 그렇게 자신이 찬양하는 고딕 세계 속에 발을 들여놓게 되었고, 그에 따라 앞서 언급한 기능들로 그러한 철학에 살을 붙였다. 이 두 번째 문신은 그러한 철학을 기념한다. 하지만 그것은 특히 마리옹이 대상으로 추락해 버린 자신과 대면하기 위해 고안해낸, 세계 속에서 존재하는 방식을 신성화한다. 그녀의 "철학" 속에서 666이라는 문신은 더 이상 그녀의 파렴치함의 낙인만이 아니라 또한 세계 속에서 그녀의 정체성을 나타내는 문장이 되었다.

세상 속에서 절대적인 끔찍함이 되기

항상 "고딕의 세계에 접속된 채로" 그녀는 몇몇 사람들과 공유하는 이 세계에 광범위하게 걸쳐 있는 모든 것들을 읽고, 보고, 들었다. 그들이 서로 준비한 저녁 파티들은 중요했다. 그녀는 거기서 "편안했고 존중받는" 것 같았다. 거기서는 자신이 "가장 끔찍했기" 때문이었다고 스스로 밝혔다. 이는 말 그대로 그녀가 시연하는 자신의 비천함을 공포하는 이중 문신으로부터 사람들이 그녀에게 확인해 준 것이었다. 게다가 "6, 6, 6"은 그녀가 표상되고, 드러나고, 그것에 의해 소환되는 시니피앙이다.

자신의 파렴치함을 드러내 보이고는 있지만, 마리옹에게는 이 육체의 각인이 더 가치를 지닌 것이다. 그것의 중개로 그녀는 예외 속에서도 "가장 끔찍한" 자가 될 수 있게 해 준 고딕 세계 속에서 어떤 위상을 확신하게 된다. 어떤 무대 위에서 절대적으로 가장 끔찍한 것에 도달한 유일한 자가 됨으로써 그녀는 스스로 이상화한 이미지에 의해 자신의 정체성을 채울 수 있었다. 그러한 이미지는 자신의 극악무도함, 자신에게 한 미치광이짓들, 그리고 탁월하게 '겁을 주는' '공포스러운 농담들'을 듣고 자신을 칭찬해 준 사람들로부터 얻어 낸 것이다. 사람들은 그렇게 그녀를 찬양하고, 모두에게 그녀의 유일성을 보여 주는 그녀의 열정을 정당화하면서 그녀의 대상으로서의 위상이 더욱 더 극단적이 되도록 응원하였다. 그녀는 자신의 불행, 끔찍함, 오염의 유일함을 상상적인 양태로 구현했다. 스스로를 통합되고 구성했지만, 사실 그것은 타인l'autre에게 달려 있었다. 자신이 타인에게 "가장 끔찍한" 것인지를 계속 확인하려고 했기 때문이다. 이것은 우리한테도 요청했던 것인데, 그것을 자신의 패션과 연결시키고 싶었기 때문이었다. 만약 그녀가 그렇게 옷을 입지 않게 되면 그녀의 정체성의 지지대, '일자'라는 상상적인 형상은 무너져 버릴 것이었다. 이러한 통합되어 있고 셀 수 없는 '일자'의 형상, 정체성의 지지대 덕분에 그녀는 비천함 속에서 (자신을 구현하는 666이라는 표식처럼) 구별될 수 있었다. 대상으로서의 위상을 극단적으로 만들기 위해 고안된, 단항적 시니피앙의 이러한 대체물은 그녀를 어느 정도 안정되게 해 주었다. 차후에 이 남근화된 이상적인 이미지인 "6, 6, 6"으로 파렴치함의 이름, 자아 이상의 결손을 통합적으로 보충하는 예외적인 정체성을 만들어 낼 수 있을지도 모른다. 자신의 정신병을 상쇄하고, 상징계의 찌꺼기와 멜랑꼴리적으로 동일시하도록 해 주는, 좀 더 잘 다듬어진 어떤 해결책을 만들어내는 것도 충분히 있을 수 있는 일이다.

마리옹은 사실 멜랑꼴리적인 자신의 정신병에 대해 일종의 도착적인 보상을 만들어 낸 것으로 보인다. 이는 대상으로서의 위상에 극단적으로 의존하면서 타인을 불안하게 하는 사디즘적인 방식이다. 그녀의 "농담들" 중 하나가 그것을 암시하고 있다. 우리에게 포르말린 속에 다양한 위험한 물질들을 모으고 있다고 털어놓았던 것이다. 그리고 우리가 "공포에 떨지" 않도록 그것을 일일이 열거하지는 않겠다고 했다. 우리가 걱정하는 걸 알아차리고, 그녀는 웃음을 터뜨리면서 우리보고 순진하다고 놀렸다. 그녀의 전화 응답 메시지도 유사한 맥락에 있다. 응답 메시지에서 "삐" 소리가 나기 전에 어떤 사람이 넘어지는 것 같은 끔찍한 소리가 나는데 마치 자신이 공격하는 것처럼 보이게 만든 것이다. 하지만 그녀가 친구들과 함께 각본을 쓰고, 촬영하고, 상연한 "고어무비들"이야말로 그러한 보상의 가능성을 확실히 실현해 주는 것으로 여겨진다. 이 영화들 속에서 그녀는 "좋은 역할"을 맡았다. 그녀 말로는 "조각난 모습으로 공포를 야기하는 끔찍한 시체들의" 역할이라고 했다. 그녀는 끔찍함 속에서 스크린으로부터 나쁜 눈이 나타나게 하고, 극악무도한 모습으로 출현하는데 이것은 타자의 응시 속에서 그녀를 비천하게 규정해 주는 것의 이미지를 따른 것이다.

마리옹은 자신의 발명을 응원해 주는 모임을 찾아냈고 거기서 모두에게 자신의 유일성을 보여 준다. 그녀는 상징계의 찌꺼기와 극단적으로 동일시하면서 자신이 "혐오스러운 것들 중에 최악"이 되도록 만들어 주는 이상적인 동일시를 예외적으로 몇 가지 도착적인 행태로까지 끌어올린다. 실존에 대한 그녀의 순수한 고통이 사회적인 연대를 만들어 낸다. 끔찍함 그 자체를 구현하면서 "그녀와 함께 한 타인들은 그것으로부터 보호된다." 그녀는 사실 세상에서 예외가 되기 때문에 세상을 확실히 정화할 수 있는 찌꺼기이다. 그녀는 이렇게 말한다. "내가 없다면 사회는 썩을 것이다. 내 덕분에 모든 도시에서 쓰레기가 없어졌다. 나는 하수구다." 자신의 대상적인 실추를 고양시킨 이러한 해결책은 자가-치료적이다. 그녀는 자신이 대상이 되는 해로운 주이상스를 평화롭게 한다. 그녀는 현재 어떤 일을 직업으로 삼고 있다. "음식물 쓰레기를 버리고 설거지를 하는 더러운 직업[15]"은 그녀에게 '훌륭하게' 딱 어울린다. 이런 일련의 정화작업은 그녀가 인류의 쓰레기 대신 타인들의 대변과 같은 찌꺼기를 맡을 수 있도록 해 준다. "내 자리는 부엌 뒤에서 문질러 닦는 것이죠."

결론: 사회적 연대의 멜랑꼴리화

우리는 멜랑꼴리를 통해 현대성과 오늘날의 사회적 연대의 특징을 이해하고자 했다. 그렇다면 이로부터 무엇에 대해 생각해 보아야 하는가? 우선 그런 비교는 조금 억지스러워 보이진 않는지 살펴보자. 사실 멜랑꼴리 환자가 욕망의 변증법에 그를 도입시키지 못했던 대타자의 탈주에 처해 있다면, 포스트모던적인 주체는 반대로 타자를 거부하거나 타자 없이 살도록 내몰리는 주체가 아닐까? 이는 그의 욕망과의 관계와 환상의 포지션을 다시 문제 삼게 만든다. 멜랑꼴리가 오늘날 왜 다시 가르침의 소재가 될 수 있을까? 첫 번째 답은 다음과 같다. 『정신분석의 이면』[16]에서 라깡은 증상들에 관련해서만 평가되는 역사적인 사건들이 있음을 확인한다. 개인적인 수준에서 작동하는 것에 의거해서 사회적 연대의 멜랑꼴리화의 형태[17]와 우리 시대를 사유해 볼 수 있다. 이를테면 포스트모던한 주체의 우울은 타자의 사라짐이나 정지에 대한 응답으로 볼 수 있다. 또한 멜랑꼴리는 대상에 종속되고, 치명적인 애착에 묶여 우울적 성향에 이르러 그로부터 절대 벗어나지 못하는 이형적인 주체의 패러다임을 구성하게 된다.

하지만 만약 그 유명한 '타자의 정지'가 그 자체로 재난이 아니라면, 주체적인 은유에 이르게 되는 작업 속에서 유익한 것으로 드러난다면 어떠할까? 주체가 타자의 상상적인 구현을 벗어나고 재고하는 것은 말이 유지되고 그 말이 속이지 않는 것으로 간주되는 한에서만, 요컨대 (르장드르의 표현을 다시 쓰자면[18]) 준거가 보증되는 한에서만 가능하다. 하지만 일반화된 상품화의 담화(자본주의 담화)와 과학 담화(더불어 그것의 기술과학적인 생산물들)의 세트가 전대미문의 결탁 속에서 지배하는 우리 사회에서는 어떤 일이 일어날까?

금지의 준거(권위의 원칙)와 지식에 호소해도 지배 담화의 고무로 만연해 있는 주이상스를 즐기려는 경향에 어떤 제한이 이뤄지지는 않는다. 전통적으로 타자와 관련된 주체의 분열(신경증의 토양이 되는, '잘못 즐긴다'는 불평)은 각종 주이상스의 불가능한 실현 앞에서 일어나는 자아의 항의, 자아의 요구로 변질된다. 르수르가 아주 정확하게 지적했듯이[19] 이러한 상황 앞에서 주체는 그 책임을 떠맡은 채 무력감을 느끼고 스스로를 가치폄하하고, 심지어는 자신을 혐오하며, 요컨대 멜랑꼴리화되거나 아니면 과대망상적인 전능함과 가까운 요구 속으로 몸을 던지게 된다. 멜랑꼴리에 준거가 새겨진 사례들은 정신분석과 정신분석적 치료들이 직면해야 할 현재의 임상적인 쟁점들을 이해할 수 있게 해준다. 실제로 멜랑꼴리에서 멜랑꼴리적인 정신병까지 구조적인 진단은 간단하지 않다. 하지만 주이상스의 양태들이 더 이상 규제되지 않음으로써 증상 차원에서 혼란이 생기고 그로 인해 구조적인 이해를 가능하게 하는 경계선들이 계속 모호해지고 있음을 확인할 수 있다. 정신병의 경우가 그렇다. 자끄-알랭 밀레르가 이를 강조한 바 있는데, 그는 "우리는 그리 놀랄 만한 형태가 아니고 보시다시피 중도적인 형태로 뭉뚱그려질 수 있는 보다 완화된 정신병들을 보게 된다. 이를테면 보상된 정신증, 보충된 정신증, 발병하지 않은 정신증, 진화한 정신증, 징환화된 정신증 등등과 같이 말이다."[20] 반면, 멜랑꼴리적 주체가 실행하는 대상 a 와의 극단적인 동일시는 주체로 하여금 일정한 유형의 사회적인 연대를 유지하도록 만든다. 상징계의 찌꺼기 대상을 구현함으로써 추잡한 상실의 지점을 실재 속에서 실현하여 그로부터 다른 이들이 문명을 건설할 수 있게 되는 것이다. 이러한 속죄의 희생은 멜랑꼴리적인 주체가 세계에 기입되는 방식이 된다. 우리는 그것의 패러다임을 제시하는 비오 신부 사례를 통해 그 논리를 보여 준 바 있다.[21] 그는 '신에게 버려진 자'가 되는 위치에서 신의 존재뿐 아니라 우주 전체를 떠받치고 있다. 또한 세계의 무대에서 자신이 실존하게 하는 추잡한 주이상스를 정화시키고, 다른 사람들이 인간성을 가지기 위해선 반드시 자신을 출발점으로 삼아야 한다고 여겼다. 이러한 해결책이 그에게 자기비난과 자기처벌로 이루어진 실존을 제공했지만, 자가 치료적인 것은 아니었다. 우리가 마르크를 만났을 때 그의 불안발작은 최절정이었다.[22] 마르크 역시 자신의 찌꺼기로서의 존재를 노숙자라는 지위 아래 새겨 넣으면서 멜랑꼴리적인 무가치함의 망상을 안정화시키는 법을 알게 되었다. 그렇게 해서 마르크는 자신이 대상으로 실추된 사실을 모두에게 보여 주고, 그가 사용한 시니피앙대로라면, 사회의 '그림자'가 되면서 생기의 흐름을[23] 조절할 수 있다고 확신했다. 멜랑꼴리적인 주체의 순수한 고통은 그가 사회적 연대 속에 기입하는 방식을 만들어 내도록 이끌었고, 그러한 사회적 연대는 슬픔 망상에 의해 지탱되지만 그가 대상 a와 동일시하면서 살아가는 데 도움을 준다.[24]

멜랑꼴리적인 주체가 자신의 심적 고통을 딛고 서서 그것을 자신의 원인으로 만들고 타인들과의 관계의 장 속에 등록할 수 있다고 하더라도 이러한 고안물들이 적절한 해결책을 만들어 내는 일은 흔치 않다는 사실을 주지해야 한다. 실제로 현대적인 사

회 연대의 방식은 멜랑꼴리적인 주체들이 점점 더 대상으로서의
위상을 선택하도록 만들고 있다. 물론 마리옹, 비오 신부, 마르크
사례에서처럼 주체가 그것을 고양시킬 수 있겠지만, 대개의 경우
는 최악의 경우로 끝나곤 한다. 말하자면 행위로 이행하여 세계
의 무대로부터 자신을 제거하도록 만드는 것이다.

번역: 이수련

Translated by Soo-Ryun Lee

Notes

1 Lacan J., *Télévision*. Dans Autres Ecrits, Paris: Seuil, 2001, pp.509-545.
2 Freud S., *Le Moi et le ça (1923)*. Dans Essais de psychanalyse, Paris: Payot, 2001, p.227.
3 Cotard J., *Du délire des négations (1882)*. Dans J. Cotard, M. Camuset, J. Seglas, Du délire des négations aux idées d'énormité, Paris: L' Harmattan, 1997, pp.25-53.
4 Séglas J., *Le délire des négations dans la mélancolie (1894)*. Dans J. Cotard, M. Camuset, J. Seglas, Du délire des négations aux idées d' énormité, Paris: L'Harmattan, 1997, p.186.
5 Lacan J., *Le Séminaire Livre VII, L'éthique de la psychanalyse (1959-1960)*. Paris: Le Seuil, 1986.
6 Cotard J., *Le délire d'énormité (1888)*. Dans J. Cotard, M. Camuset, J. Seglas, Du délire des négations aux idées d'énormité, Paris: L'Harmattan, 1997, pp.58-62.
7 Czermak M., *Signification psychanalytique du syndrome de Cotard (1983)*, Dans Passions de l'objet, Paris, Éd de l'AFI, 2001, pp.199-227.
8 Hulak F., *Le syndrome de Cotard ou la clinique de l'entre-deux-morts*. L'information psychiatrique, 79, 5, 2003, pp.415-421.
9 Lacan J., *Le Séminaire Livre X, L'angoisse (1962-1963)*. Paris : Seuil ; 2004, p.388.
10 그녀는 자신을 주시하는 타자에게 음란함과 무가치함을 보여준 자신의 외설성을 비난했다.
11 Lacan J., *Le Séminaire Livre III, Les psychoses (1955-1956)*. Paris: Seuil, 1981, p.218.
12 Deutsch H., *Quelques formes de troubles affectifs et leur relation à la schizophrénie (1942)*. Dans Les ≪comme si≫ et autres textes (1933-1970). Paris: Seuil, 2007. pp.153-174.
13 Lacan J., *D'une question préliminaire à tout traitement possible de la psychose (1958)*. Dans Ecrits. Paris: Seuil, 1966, p.388.
14 마리옹은 정신과 육체의 부패가 정신과 육체의 타락으로 변해선 안 된다고 말한다. 이와 관련해서 그녀는 성, 성의 실재와 만나게 만드는 모든 관계를 자제하고, 특히 질을 만난 이후에는 자신을 행복하게 만들

수 있는 모든 관계를 피한다.

15 마리옹이 식당에서 다시 일할 수 있었던 건 식당의 명망을 깎아 낼 수 있다는 가능성 때문이었다. 우리가 음식의 질이나 식당 주인의 자질, 식당에 오는 이상한 손님들에 대해 그녀가 하는 의심들을 지지해 주면서 그녀가 사물과 동일시하는 것이 줄어들었다.

16 Lacan J., *Le Séminaire Livre XVII, L'envers de la psychanalyse (1969-1970)*. Paris: Seuil, 1991.

17 올리비에 두빌은 주체의 자기 정초를 숭배하는 현대 사회가 차이와 편차를 사유하지 못하는 장애를 설명하면서 사회 연대의 멜랑꼴리화라는 표현을 사용한다. 그와 같은 사유의 장애는 윤리적인 선택에 대해서는 일반적으로 무관심하고, 성, 언어, 죽음(여자들, 외국인들, 아이들, 이민자들 등등) 등의 다른 조합에 대해서는 야만적으로 차별하게 만든다. 요컨대 우리의 새로운 정신구조는 미래를 그리는데 무능력하고 경계선, 한계 등의 저편에 있는 완전히 다른 것들을 제대로 욕망하는데 적합하지 않다는 것이다. 그리고 또 다른 차원에서도 절망을 주는데 정신을 사치, '과잉'으로 만들어 버리는 것이다. Douville O., *Pour introduire l'idée d'une mélancolisation du lien social*. Cliniques méditerranéennes, 63, 2001/1, pp.239-262.

18 Legendre P., *Sur la question dogmatique en occident*. Paris: Fayard, 1999.

19 Lesourd S., *La mélancolisation du sujet postmoderne ou la disparition de l'Autre*. Cliniques méditerranéennes, 75, 2007/1, pp.13-26.

20 La convention d'Antibes, *La psychose ordinaire*. Agalma, Coll. publié par Jacques-Alain Miller, Paris: Le Paon, Seuil, 1999, p.230.

21 Hamon R., *Le Padre Pio, une mélancolie magnifiée par la religion catholique*. Cliniques méditerranéennes, 89, 2014, pp.257-270.

22 그는 거처를 마련해 주려고 했던 사회복지사를 살해할 뻔 한 이후로 자신이 잠재적인 범죄자라고 확신했다. 거처를 마련해 주는 건 그를 길거리에서 끌어내는 것이었는데 이는 그가 망상적인 죄의식을 처리하기 위해 사용했던 자가 치료적인 해결책을 막아 버리는 것이었다. 이 사례는 다음의 논문을 통해 확인할 수 있다. Trichet Y., Hamon R., Gaspard J-L., *Traitement psychanalytique et subjectivation de l'acte d'homicide chez des sujets psychotiques*. Bulletin de psychologie, à

paraître en 2015.

23 그는 이렇게 말한다. "사람들은 저를 바라보고 피하죠. 사람들은 멈추지 말아야 해요. 그들은 삶을 살아야 해요." 그들의 무관심도 그에겐 중요하다. "사람들이 저를 보면, 저는 다른 데로 갑니다."

24 Hamon R., Nivault E., *Psychose mélancolique et lien social contemporain.* Inédit.

사랑의 병: 만성 통증과 주체의 멜랑꼴리화
Le mal d'amour: douleur chronique et mélancolisation du sujet

장-뤽 가스파르 Jean-Luc Gaspard*

가브리엘라 두핌 Gabriella Dupim**

로뮤아 아몽 Romuald Hamon***

존재의 접안 ; 사랑의 극단, 진짜 사랑이 거하는 곳은 거기가 아
닐까요? 진짜 사랑은—이 사실을 발견한 것은 분명 분석경험이
아닙니다. 사랑에 대한 테마들의 영원한 변조가 충분히 이를 반
영하고 있습니다—증오에 이릅니다.

Jacques Lacan, *Encore. Le Séminaire Livre XX. (1972-1973)*. Paris: Seuil, 1975, p.133.

신체 기질적인 원인이 없는 만성 통증은 19세기부터 알려져
왔는데, 통증 분류는 신체의 어떤 부위가 관련되느냐에 따라 이
루어졌다: 경견갑부 통증, 요통, 섬유근육통, 두통, 편두통 등. 몇

* 정신분석가, 렌느2대학교 임상정신병리학과 교수, 4050 연구단 부속 정신병리
연구: 특정 장과 실천 연구섹터장. 한스 정신병리연구센터 수퍼바이저
** 정신분석가, 브라질 캄피나그란데대학교 임상심리학과 교수, 정신분석임상연구
소 연구원, 인식론연구소 연구원
*** 정신분석가, 렌느2대학교 임상정신병리학과 교수, 4050 연구단 부속 정신병리
연구: 특정 장과 실천 연구섹터장. 한스 정신병리연구센터 수퍼바이저

가지 증상들이나 증후군들이 중첩되는 경우는 흔하였으며(섬유
근육통/만성피로 증후군/약물 과민성/신체형 장애/과민성 대장 증후군),
불안-우울의 정동이 동반되는 경우가 많았다. 급성 통증은 의학
적 체계에서 진단 수립을 위한 중요한 지표이지만, 만성 통증은
경보신호를 울려주는 역할을 하지 못하기 때문에, 여러 다양한
원인으로 돌려졌다(신체적, 심리적, 생리적, 유전적 등등). 통증현상의
불확실성[1]에 대하여, 의학이 약리학이나 치료법의 영역과 지금
처럼 짝을 이루었던 적은 없었다. 치료의 기술은 점점 더 고도화
되는 데 비해, 통증 현상은 진정을 우선에 두는 듯이 보인다. 다
른 한편, 현대 의학이 환자의 말을 인정하는 경우는 진단에 실패
한 건강 전문가들에게 실망한 기대감에 부응해 주는 식으로 이
루어진다. 만성 통증의 치료에 복합적인 방식으로 접근하려면,
정신분석적 정신병리학과 의학의 상호 협력이 반드시 필요하다.
1966년에 이미 라깡이 예측하여 강조했듯이, 과학과 유전학 같
은 생물학의 법칙과 관계 맺고 있는 현대 의학은 개별 임상clinique
du particulier에 중요성을 부여하는 것이 역사적인 필연성임을 잊지
말아야 한다.[2] 고유성을 인정하면서도 요구의 위상과 쟁점으로
서의 육체가 갖고 있는 현대적인 위상[3]을 중요하게 여겨야 한다.[4]
많은 주체들이 강렬한 감각적 경험을 적극적으로 추구하는 것
으로서의[5] '통증의 병'은 사실 서구 사회에서 광범위하게 보이는
데 때로는 결정적인 자기파괴의 가능성과 함께 작용하기 때문에
그러한 '사건들'과 '경험들'에 대해[6] 사회-정치적, 사회-역사적인
관계 속에서 고민하지 않을 수 없다.
　　포스트모던적인 삶의 이러한 충동pulsionelles의 현상들과 논리
들은 도덕적 마조히즘이 문명이 치러야 할 대가이며 이후에는 성

적인 마조히즘으로 후퇴하게 될 것이라고 한 프로이트의 진술과 어긋나는 것 같아 보인다. 동시에 현대의 개인들은 발전이 육체의 고통을 끝내 주고 가능한 오래도록 젊음의 생기를 유지하고 삶을 영원히 연장하기를 요구한다. 노화도 죽음도 없이 말이다.[7] 통증치료와 관련하여 사회적 요구가 점점 더 커져가는 것을 볼 수 있다.[8] 하지만 약리학의 영역에 대한 본질적인 대책이 주요 사안이 되지는 않는다. "의학은 요구를 만들어 냈지만 자체적으로 충족시키기 어려웠고, 그로 인해 그 분야에서의 무능함에 대한 많은 비난을 불러일으켰다."[9] 계속되는 분류와 전문화 작업을 통해 의학은 지배 이데올로기가 지지하는 무제한적인 기술적 실리주의를 향해 나아가게 된다.[10]

만성 통증 환자의 '표준 프로파일'을 파악하려는 여전히 불분명한 시도들보다는, 주체의 경제 내에서의 통증의 기능들과 통증이 만성화될 때 심리적인 고통이 미치는 영향에 접근하는 편이 적절할 것이다.[11] 역사적으로 도덕적 죄의 속죄를 통해 존재의 고통을 청산하고 면제받기 위해서 신이라는 대타자에게 고해졌던 것이 우리 현대 사회에서는 몸에 할당되었기 때문이다.[12] 이러한 관점에서 의학과의 파트너십을 통한 정신분석의 기여는(만성 통증이 반드시 심리적인 원인 때문이 아니라 하더라도), 각 사례의 특수성을 인정하고 주체의 고유성과의 관계를 파악하면서 증상들이 가질 수 있는 의미를 이해하는 작업 속에서 유용함이 증명되었다. 사실, 실재의(혹은 유기체의) 차원에서 육체에 영향을 주는 것은 상상계(몽상, 정체성, 동일시)뿐 아니라 대타자와의 관계로서 사회적인 연대 속에 주체를 등재시키는 여러 양식들을 동원한다. 우리의 임상의 방향에서는 통증 증후군과 그것에 결부된 심리적인 고통을 곧바로 완전히 제거한다는 목표를 지지하기보다는, 구조적이고 무의식적인 작용을 고려하는 것이 필수적인 일이라 사료된다. 달리 말해 고통이나 주이상스가 상징화되는 것이 불가능한 곳에서 통증의 육체를 '말하게' 하는 것이다.

사랑의 병과 여성적 황폐

임상과 실천을 통해 배운 것에 기반하여 우리는 사랑과 주이상스에 대한 여성적 입장과 만성통증, 그리고 육체의 연관성에 대해[13] 관심을 가지게 되었다. 예를 들어 기관에서 치료받는 사람들 중에 파트너들에게 자신의 전부를 내어 주면서 애정 관계에서 쓰레기-대상의 자리를 취했던 여자가 있었다.[14] 애정관계에서 그녀는 항상 비천한 상태로 모욕을 당하는 입장이었으며 남자와 도망치기 위해 자신의 아이들을 버리기까지 했다. 그 남자와의 관계는 양가적이었는데, 그녀는 그를 매우 두려워했지만 그 무엇보다도 그를 사랑했다고 말했다. 이러한 관계에는 한계가 없었고 그녀는 못할 것이 없었다. 매춘을 하기도 하고 강간을 당하거나, 빛도 안 들어오고 먹을 것도 없는 방에 갇혀 있기도 했다. 몇 년 후에 그녀는 힘들게 그 남자와 헤어졌다. 그는 그녀에게 다시 만나면 그녀와 그녀의 아이들을 죽여 버리겠다고 위협했다. 그런 방황의 삶 끝에 안식처를 찾은 상담센터에서 정신분석 치료를 받은 그녀는 몇 번의 상담 이후 어머니와의 관계를 밝히게 되었다. 그녀가 끝없이 사랑의 요구를 보냈던 모성적 대타자. 하지만 그것은 인정되고 사랑받는 것이 불가능한 시도였다. 자신이 어떤 짓을 해도 어머니는 언제나 같은 말을 되풀이할 뿐이었다고 한다. 그녀가 태어나기를 바란 적이 없었고,

그녀의 언니만 사랑한다고.

　이런 여성들과의 작업을 통해 우리는 다음과 같은 임상적인 질문들을 제기할 수 있었다: 애정관계에서 여성의 황폐(주체가 정신증 구조가 아니라 하더라도[15])는 가족의 병인, 혹은 엄마와 딸의 관계에서의 불가능한 분리나 전수가 반복되는 것인가? 멜랑꼴리적인 형태의 사회적이거나 가족적인 이탈과 연관된 만성적인 통증은 어떤 여자들에게는 황폐의 효과를 내는가? 마지막으로, 만성 통증은 황폐화시키는 타자와의 환상적이거나 실재적인 관계에서의 어떤 방패막이로서 나타나면서 '무제한의' 주이상스를 육체 안에 한정하기 위한 시도인가?

　프로이트가 지적했듯이[16], 문명에서의 불행에 대면하여 사랑하고 사랑받는 것은 인간 존재가 행복을 추구하면서 사용하는 방법 중 하나이다. 라깡의 관점에서 사랑은 성관계의 부재를 보충하는 하나의 해결책이다.[17] 동시에 사랑의 존재는 타자를 향한 '말하는 존재parlêtre'의 주이상스 혹은 욕망의 대상 원인의 조건을 감추어 준다. 그렇지 않을 경우 그것은 특히 불안으로 드러날 수 있다.[18] 그것은 효과가 제한적인 해결책인데 왜냐하면 사랑이나 사랑의 대상이 부재하면 주체는 존재하지 않거나 전적으로 비어 있는 느낌을 가질 수 있기 때문이다. 여성적인 포지션에 속한 이들의 경우 실연이나 사랑받지 못하는 느낌이 그들을 해로운 방향으로 이끌거나 끝없이 사랑을 요구하게 만들 때가 있다. 그것은 사랑의 또 다른 면인 순수한 주이상스의 측면이다. 전적으로 남근적인 것은 아닌 여자에게 이는 다음과 같은 질문이 가리키는 특정한 상황들을 만들어 낸다. "내가 만약 그가 사랑하는 여자가 아니라면 나는 누구인가?" 이러한 질문에 대한 답이 진술

될 수 없을 때 주체는 존재 문제의 현기증에 직면하게 될 수 있다. 그리고 육체적인 차원에서 신체적인 장애들, 특히 그에 대한 답이 되거나 그것을 감추어 버리는 만성 통증들을 겪을 수 있다. 실제로 라깡은 주이상스가 어떻게 통증에 붙어서 육체에 흔적을 남기는지를 밝혔다.

육체가 느낀다는 의미에서 내가 주이상스라고 부른 것은 언제나 긴장, 몰이, 소비, 더 나아가 수훈의 질서에 속한다. 통증이 나타나기 시작하는 수준에는 이론의 여지 없이 주이상스가 있다. 그리고 우리는 그렇지 않았다면 가려져 있었을 유기 기관의 차원이 오직 통증의 수준에서만 느껴진다는 것을 알고 있다.[19]

그렇기 때문에 우리는 섬유근통(그 발생이 여자에게서 더 흔한 증후군) 속에 주체의 포지션과 육체의 거부의 양식이 어떻게 자리 잡는지를 파악해 보자고 제안하는 것이다.[20] 또한 바로 그러한 방향에서 아벨하우저[21]가 통증은 육체뿐만 아니라 욕동pulsions의 제어에 대한 문제들을 들추어 낸다고 강조했던 것이다. 하지만 통증이 만성화되면 잘못 자리 잡은 주이상스의 운명이 될 수 있다. 주이상스로서의 통증의 경험은 과도함을 남기고 육체를 가졌다는 주체의 전제를 반박할 수 있다. 그리고 이러한 과잉의 차원은 여자들의 몇몇 애정관계의 특징을 이루는 무한한 요구와 관련되면서 사랑에 자신을 지나치게 바치고, 황폐화되게 만든다. 이에 대해 라깡은 이렇게 말한다. "한 여자가 한 남자에게 자신의 몸, 자신의 영혼, 자신이 가진 것으로 하는 것에는 한계나 양보가 없다."[22] 카스텔라노스[23]는 사랑의 요구가 성관계 도식에서 남성 쪽에 위치하고 있는 이들에게보다 여성 쪽에 위치한 '말하는 존재'에게 더욱 중요한 기능을 가지고 있다고 확언한다. 어떤 여자들에게는 사랑의 만남의 우연이 필연성의 영역에 새겨지는 것 같다. 즉, 쓰여지기를 멈추지 않는 것의 영역 말이다.[24] 설령 스스로의 품위가 손상되거나 모욕당하거나 나쁜 대상처럼 취급당한다고 하더라도 그녀들에게 중요한 것은 사랑받는 것이다. 카스텔라노스는 고통과 몸의 언어에 관한 연구에서 섬유근통과 다른 만성 통증의 클리닉에서 여성의 황폐화는 고통의 육체로서 경험될 수 있다고 지적한다.

임상 사례: 사랑에 의한 파멸?

사례는 성인이 된 두 딸과 아들이 있는 45세 V부인 이야기이다. 6년 전에 갑작스런 뇌출혈을 겪고 몇 개월 동안을 혼수상태로 중환자실에 있었다. 뇌출혈은 그녀에게 후유증을 남겼는데, 마비가 와서 몇 주 동안 움직이지 못한 다음, 기억, 의사소통, 시력에 이상이 생겼다. 이 일이 있기 전에는 일을 했었는데, 회복이 되어 갈 무렵부터 스포츠 협회에 참여하면서 소프롤로지의 일환으로 육상경기 참여를 준비하였다. 그리고 기공이나 태극권 같은 다양한 훈련 수업도 했다. 불교 철학에 매우 심취한 그녀는 소프롤로지에서 받은 교육과 그것의 영감이 건강을 회복하는 데 많은 도움을 주었다고 강조했다. V부인이 뇌출혈 때문에 응급실에 입원했을 때, 의사들은 왜 그런 출혈이 생겼는지 알아내지 못했다. 같은 식으로 아무런 의학적 이유 없이 세 번의 심각한 뇌출혈이 일어났다가 갑자기 멈추었다. 입원 후 V부인은 매일 매일 죽어가고 극심하게 고통을 주는 자신의 몸에 적응하는 새로운 방법을 만들어 내면서 육체적인 후유증으로부터 서서히 회복되었다. "6년 전에 소파에 앉아 있었는데 완전히 마비가 되었었죠. 눈도 안보이고 말도 할 수 없었어요. 세상과 소통할 수 없었기 때문에 나 자신에게 좀 더 집중할 수밖에 없었지요. 그리고 그런 상태로 머물러 있지 않기 위해 움직여야 했어요. 보지 못하고 말하지 못해도 전부 듣고 이해할 수 있었으니까요. 특히 제가 어떤 상태였는지 아주 잘 알고 있었지요. 그건 제가 무슨 수를 써서라도 꼭 빠져나와야 하는 감옥이었어요." 그녀는 조금씩 말하고 볼 수 있게 되었다. 회복기 동안 그녀는 거울상의 타인에 대하여 소외된 대로 육체적인 이미지를 인식하였다. 그리하여 그녀는 자신의 육체적인 문제가 어떤 것도 밖으로 드러나지 않게 '안정적인 이미지'를 유지하기 위하여 노력하고 온 힘을 다 쏟았다. "내가 아프고 고통스러울 때 나는 오해받을 수 있어요. 하지만 아무도 그것을 알아차리지 못하게 해야해요. 강한 사람이라는, 긍정적인 사람이라는 좋은 이미지를 줘야하죠. 하지만 그건 힘든 일이기도 해요." 이 끝없는 갱생의 투쟁 속에서 노력은 통증을 수반했다. "저는 수년 동안 매일매일 많은 시간을 할 수 있는 한 일을 했어요. 통증도 마찬가지로 계속되었죠. 제가 겪었던 고통들은 형태가 다양하지만 그중에서도 뇌출혈로 인한 압박은 끔찍한 통증이었어요." 병원에서 나오면서 그녀는 신경재활센터에서 치료받기를 거부했다. 그곳에선 사람들이 성인이 아니라 아이들 취급을 당한다는 이유 때문이었다. 그녀는 자신의 치료에서 명상과 소프롤로지와 함께하는 감정의 조절을 중요하게 여겼다. V부인의 말에 따르면, 그녀의 인생을 결정적으로 바꾸어 버린 뇌출혈은 육체의 사건으로 작동했던 것처럼 보인다. 말하자면 주체를 자신에게 일어난 일의 책임으로부터 정당화시키기 위해 몸을 동원하는 사건. 요컨대 사후에 그 의미를 호출하는 사건.

점진적인 분석 작업을 통해 외상적인 사건들의 흔적을 다시 찾아낼 수 있다. V부인이 남성과의 만남에 관해 밝힌 것이었다. 그녀는 16살 때 한 소년과 매우 깊은 사랑에 빠졌다. 어느 날 둘이 마을의 한 축제에 가게 되었다. 저녁 파티가 끝날 무렵, 다른 소년들과 차를 타고 해변으로 갔는데 거기서 그녀는 윤간을 당했다. 그녀는 수치심에 아무에게도 그 사실을 말하지 않았다고 했다. 생리를 하지 않는 것을 이상하게 여긴 한 친구의 충고로 임신 테스트를 하고 임신 사실을 알게 된 것도 혼자서였다. 엄마에게 임신 사실을 알려야 했지만 강간 사실을 말하지는 않았다. 엄마는 아이를 유산시키도록 조치했고, 그것은 가족의 비밀이 되었다. 엄마는 그녀가 나쁜 딸이고 못된 행동을 저질렀다고 비난했다. "두세 달 후에 저는 제 인생을 끝내고 싶었어요." 다리에서 뛰어내리려고 했을 때 한 소년이 그녀를 팔로 잡았다. 그에게 매우 고마웠던 그녀는 사랑에 빠졌고 성년이 되자마자 그와 결혼했다. 그리고 그에게서 첫딸을 얻었다. "그는 제게 정말 멋진 사람이었죠. 다시 살 수 있는 희망뿐 아니라, 제가 책임지지 못했던 것들에게 대해서 제가 스스로를 용서할 수 있게 해 주었어요." 그들은 서로 공통점이 많았고, 모든 것을 공유했다. 그는 공손하고, 낭만적이고 교양이 있었다. 그런데 어느 날 갑자기 교통사고로 사망하였다. V부인은 그리고 나서 뇌출혈의 후유증의 문제에 대해 연상하였다. 그녀는 그 일로 기억력에 많은 문제가 생겨서 인생의 어떤 어려운 시기에 대해서는 거의 기억이 없다고 말했다.

하지만 직업과 관련해서는 기억에 전혀 문제가 없었다.

두 번째 남편과의 관계는 사별로 끝난 것이 아닌데도 그녀는 버림받은 느낌을 받았었다. 그와 3년 동안 별거를 한 이후에야 헤어질 수 있었다. 그녀는 결국 '그가 자신이 동성애자였음을 인정하기로 선택했다'는 것을 이해했다. 이 사실을 알았을 때, 그녀는 하루 종일 토했다. 자기 남편이 동성애자라는 사실 때문이라기보다는 자신이 '대리모로 쓰인 후 배신당했고, 그렇게 두 아이가 생긴 후 사랑이 끝나 버렸기' 때문이었다. V부인은 자신의 자리를 다른 여자가 아니라 다른 남자가 차지했다는 사실을 받아들이기 힘들어했다. "남편이 다른 여자랑 바람을 피우면 우리는 '그래, 그 여자가 나보다 뭐가 더 나은지 보자'라고 말하면서 경쟁자로 삼지만, 다른 남자와 그랬다면 문제가 다르지요." 이 경우, 그녀는 아무것도 할 수 있는 것이 없었고, 그저 받아들여야만 했다.

분한 맘에 그녀는 니카라과로 봉사여행을 떠났다. 거기서 그녀는 가장 최근의 파트너를 만났는데 인생의 계획들이 그녀와 일치하는 남자였다. 11년 동안 함께 살았고, 그중 6년을 그녀는 뇌출혈로부터 회복하기 위해 애쓰면서 보냈다. 입원 초기부터 경과가 좋지 않았고, 그녀의 남편은 점차 그녀에게서 멀어져 갔다. 그의 말로는 병원에 오래 머물기 어려웠기 때문이었다고 했다. 병원 냄새와 분위기를 그는 참을 수 없었다. 심한 사고를 당한 후 입원했던 기억을 떠오르게 했기 때문이다. 그녀의 퇴원 후 그는 '장애인이 된' 여자와 같이 사는 걸 상상할 수 없다고 솔직하게 이야기했다. 그녀는 "그건 정말 끔찍했어요. 그리고 나를 더욱더 밀어내었지요. 누군가가 나를 버리는 걸 바라지 않는다고 해도 내겐 다른 선택의 여지가 없었어요."라고 말했다. 부부관계는 매우 힘들어졌다. 그녀는 그를 사랑한다고 생각했지만, 버림받을까 두려워 육체적인 문제들에도 불구하고 요구사항이 많은 그를 기쁘게 하고 만족시키려고 노력했다.

분석 작업을 통해 V부인은 엄마와의 황폐한 관계가 어느 지점에서 자신의 모든 사랑 선택에 영향을 끼치는지를 가늠할 수 있었다. 그녀는 자신의 파트너였던 사람들에게 항상 그들의 시선 속의 자리를 요구하였고, 인정과 무조건적인 사랑을 표현해주길 원했다. 그리고 그로 인해 그녀는 자주 사랑의 해로운, 실재적인 측면, 안식 없는 주이상스에 빠지게 되었다. V부인은 어렸을 때부터 항상 엄마의 사랑을 갈구했고 "좋은 딸이 되기 위해서 모든 것을 했다"고 하였다. 하지만 엄마는 그녀를 차갑게 대했고, 다른 자식들과 차별하였다. V부인만 특히 보살핌을 못 받거나 교육을 못 받거나 하는 등의 일은 없었지만, 엄마에게 사랑을 받지 못했다고 느꼈고, 청소년기부터 30대까지 갈등이 있었다. 이후 그녀는 아버지가 주었던 사랑 때문에 엄마가 자신을 경쟁자로 삼았다는 것을 깨달았다. "아버지는 나를 많이, 너무 많이 사랑했어요. 엄마는 그게 맘에 들지 않았던 거죠." 그녀는 이렇게 말하기도 했다. "엄마와 저는 말다툼을 많이 했어요. 엄마가 저를 이해하지 못한다고 느꼈죠. 엄마의 말과 행동에 상처를 입었어요. 엄마는 제가 엄마가 되고 난 다음에도 저를 전혀 인정하지 않았어요. 엄마는 '완벽했지요.' 아버지가 돌아가시고 나서야 엄마와의 관계가 조금이라도 나아지고 대화가 가능해졌어요." 엄마와의 경쟁은 긴밀한 결속, 이른바 공생의 감정으로 바뀌었다. 이러한 변화는 놀랄 만한 시간성 속에서 뇌의 증상과 더불어 육체의 실재에 나타난다. 사실 딸이 뇌의 '대상기능을 상실하고' 병원에 입원을 하였을 때는 엄마가 뇌종양으로 병원에 입원한 때와 맞물린다.

종양이 발견되고 3개월 후에 엄마는 급작스럽게 사망하였는데, 그때 V부인은 뇌출혈로 인한 후유증으로 병원에 입원한 상태였다. 그녀는 엄마의 위독함이 자신의 재활 초기에 기운을 북돋아 주었다고 말했다. 오빠들이 그런 상태로는 엄마를 만나지 못하게 하였고 그녀가 뇌출혈을 겪었다는 것을 엄마에게 말하지 않았기 때문이다. V부인은 엄마가 돌아가시기 전에 만나기 위해서 건강해 보이도록 노력했다. 이 고통스러운 시기를 회상한 후 V부인은 엄마가 자신을 출산하였을 때 우울증이 있었고 가족이 그때까지 살았던 나라를 떠나 프랑스로 왔다고 말했다. 그리고 그녀의 아버지는 다른 도시에서 일주일 내내 일을 하였고 엄마는 아버지의 부재로 완전히 우울한 상태에 빠졌다고 했다. 그녀를 돌본 것은 오빠들이었다. 아버지는 매주 금요일 저녁에 돌아와 요람에 누워 있던 그녀를 안아 주었고 그러면 그녀는 매우 좋아했었다고 했다. 유년기의 추억을 이야기한 다음 그녀는 "그래요, 그건 내 첫 번째 사랑이었어요. 하지만 그것이 항상 반복되었죠. 그것도 연애 생활에서 여러 번이요. 죽은 첫 남편은 나를 버렸다고 말할 수 없지요. 두 번째 남편도 나를 버렸다고 말할 수 없고요. 그리고 또 다시 이번 남자도 나를 버렸다고는 할 수 없지요. 하지만 그것은 버린 것이죠. 처음 5년 동안 우리는 잘 지냈어요. 서로 사랑했고 그는 내가 의지할 수 있을 만큼 강한 남자처럼 보였죠. 그런데 이 엄청난 어려움을 겪으면서 저는 다시 버림받는 것처럼 느껴졌어요."

V부인에게 사랑은 인생에서 가장 중요한 기능을 한다. 사랑이 그녀를 인도하고, 그녀가 다른 사람들에게 헌신하고 제한 없이 자신을 내어주는 것도 바로 그 이유 때문이다. "나는 어렸을 때부터 항상 그래왔다고 생각해요. 제일 중요한 건 그거예요. 제가 사랑이라고 할 때는 연인으로서 다른 사람과 맺는 관계뿐만이 아니라 일반적인 사랑의 모든 관계예요. 사랑이 인간관계를 중요하게 만들지요. 교환, 나눔, 그런 것들이 우리가 아주 강한, 밀도 있는 순간들을 살도록 해줍니다. 그것이 멈추면 텅 비어 버려요."

의사들이 생체적 원인을 찾아내지 못한 뇌출혈이 생겼을 때 이와 같은 일이 일어난 것이었다. 후유증으로 견딜 수 없는 만성 통증을 남긴 뇌출혈이 그녀에게는 정체성을 만들어 주는 하나의 특질로서, 자기처벌의 타동적인 논리 속에서 기능했다. 모성적인 대타자를 좀 더 잘 복구하기 위해 자신을 그 대상으로서 내던지는 시도로서 말이다. 이후 그녀는 엄마가 아팠을 때, 자신의 뇌출혈이 일어나기 몇 초 전에 자기가 생각했던 것을 기억해 냈다. "저는 뇌종양을 생각했어요. 하늘에 말하듯이 이야기했지요. 가능하다면 엄마의 병을 내가 가지고 싶다고." 엄마를 구원함으로써 아이와 사랑을 구하기 위해 엄마의 자리를 맡으려는 것일까? 사랑과 증오라는 보통의 양가감정이 아니라 (라깡의 신조어를 빌자면) 애증hainamoration에 마주한 주체에게 불가능하고 궁지에 몰린 시나리오이다. 사랑과 증오가 같은 대상에 가해지지만 주체는 그것을 알지 못하고 스스로의 이중성을 인식하지 못하는 것이다.

결론

본 논문을 통해 우리는 사랑 선택의 특수성에서의 육체와 통증 사이의 관계를 살펴보고 다음과 같은 임상적 가설을 밝혀내었다. "만성통증은 여성의 황폐화에 대한 효과와 응답으로서 이해될 수 있다." 분석 학설에서 육체는 의학이 상정하듯이 유기적 조직으로 환원되지 않을 뿐만 아니라, 언어의 효과가 각인되어 욕동적pulsionnel이기도 하다. 라깡은 육체가 하나(Un)가 아니라, 상상계, 상징계, 실재라는 세 가지 차원이 이어짐으로써 구성된다고 말한다. 상징적 육체엔 대타자와 관계를 맺을 수 있게 해 주는 시니피앙의 효과가 각인되어 있다. 상상적인 육체는 동일시와 나르시시즘적인 투자를 준거로 삼고 있으며, 실재의 육체는 주이상스의 영향하에 있다. 만성통증의 문제에 접근하는 이상 주이상스의 개념에 대한 참조는 필수불가결하다. 라깡은 살아 있는 육체가 시니피앙과 주이상스에 동시에 영향받고 있다고 강조한다. 이에 따라 주체의 발화행위를 지지해 주는 것이 매우 중요한 일이 된다. 스스로 통증을 설명해 내고, 자신에게 일어난 일에 대한 입장을 변화시키고(좀 더 온건하게 말하자면, 조율하고), 자신이 세상에서 지탱할 수 있는 방식에 대해, 말하자면 지식이나 성과 죽음의 실재와 맺고 있는 자신의 고유한 방식에 대해 질문할 수 있도록 이끌어 주는 일이기 때문이다.

우리의 관점으로 보자면, 해부학은 남자가 무엇인지 혹은 여자가 무엇인지를 정하는 데 아무 소용이 못된다. 핵심은 성욕에 대한 주체적인 포지션이라는 개념을 중시하는 것이다. 성관계 도식에서 여성 쪽은 남성적인 쪽에 있는 것과는 달리 완전히 남근적인 것이 아닌, 남근적인 논리에 전적으로 복종하는 것이 아닌 즐기는 방식을 제시한다. 대타자의 주이상스 이외에 여성의 주이상스는 다른 주이상스jouissance Autre, 보충적인 주이상스로 특징지워진다. 여자는 이 보충적인 것에 대한 심리적인 표상이 없기 때문에 그것을 상징화하는 데 어떤 어려움들을 갖고 있다.

라깡이 가르치듯이 '정관사' 여자가 존재하지 않는다면, 여자는 각자 자신의 성과 때로는 에로토마니아적인 자기 사랑의 특수성을 이용해 잘 버텨 내야 한다. 이를 통해 '전체적이지 않은' 여자가 광기에 접근하기도 한다. 이러한 여정에서 어떤 여자들은 애정관계를 통해 공허를 대면한 자신들에게 일관성을 부여해 달라고 남자들에게 요구하는 입장을 취한다. 그러한 일관성이 없이는 자신들이 강렬한 불안에 빠지기 때문이다. 바로 이러한 의미에서 사랑-열정은 관계나 커플의 우연이나 결여의 여지를 남기지 않으면서 필연성의 수준에, 즉 순수한 주이상스의 차원에 새겨지게 된다. 사랑의 황폐화 속에서 여자는 한 남자에게 욕망의 원인 대상이 되는 것을 거부하고 자신이 사랑하는 자에게 모든 것을 내어 주는 주이상스의 대상으로서 자리 잡는다. 성적 파트너의 유린이 어떤 여자들에게는 엄마-딸 관계에 있는 황폐의 반복이 될 수 있다. 결정적인 유기적인 원인 없이 만성 통증에 시달리고 있는 여자들을 만나 보면, 그녀들에게 사랑의 관계는 엄마나 성적인 파트너들하고 보통 불화를 겪는다. '정관사' 여자는 존재하지 않는다는 라깡의 전제로부터 여성의 문제에 접근하면 여자의 포지션과 진짜 여자 사이에는 언제나 간격이 있다는 것이 드러난다. 이 진짜 여자의 무존재가, 엄마가 딸에게 여자의 몸이 무엇인지, 여성성의 본질이 무엇인지를 전수하지 못한다는 사실로부터 오는 모녀 사이의 황폐화 속에서 일종의 축으로 기능한다. 여성의 육체가 상징화되지 못하면, 어떤 상징적인 가림도 없이 주이상스의 실체가 노출된다. 그런 육체로부터 남근적인 논리로만은 치료가 불가능한 만성통증에 대한 불만과 멜랑꼴리화가 나타난다. 몇몇 임상 사례, 특히 정신병에서 시니피앙을 벗어나는 육체는 그것을 알아보지 못하는 주체에게 낯선 몸이 된다. 파트너들이 (사랑의 이름으로) 육체에 가한 폭력은 통증의 마조히즘적인 경험들을 통해 육체에 성적인 요소를 부여하고, 생기를 주고, 불안한 이타성을 주체화시키는 것으로 여겨지는 개인적인 의미를 새길 수 있게 해 준다. 시니피앙으로 암호화되거나 길들여지지 않은 육체의 주이상스의 과잉을 다룰 수 있게 해 주는 좀 덜 극단적인 다른 고유한 해결책들이 있을 수 있다. 통과의례 la pass의 어떤 증언들에 기대거나 브루스가 지시해 준 것처럼 황폐에 대응하는 것으로서의 간책을 사용하는 것[25]에 의지할 수 있다. 간책은 전체가 아닌 것 le pas-tout을 잘 다루게 해 주는 발명과도 같은 것이다. 요컨대 절대적인 사랑에 몸과 마음을 바치지 않고, 남성의 차원에 보상의 남근을 요구하지 않으면서 여성성과 잘 해결해 나가는 방식이다.

번역: 이수련

Translated by Soo-Ryun Lee

Notes

1 Croix L., La douleur en soi. *De l'organique à l'inconscient. Ramonville.* St Agne: ERES, 2002.

2 Lacan J., *Psychanalyse et médecine (1966).* Le Bloc-Notes de la psychanalyse, 7, 1987, pp.24-25.

3 Gaspard J-L., Doucet C., *Pratiques et usages du corps dans notre modernité.* Toulouse: ERES, 2009.

4 Gaspard J-L., *Discurso medico e clinica psicanalitica: collaboracao ou subversao.* Dans Psicanalise e autros saberes. Rudge, A M., Besset, V. (sous la dir.), Editora Cia de Freud, 2012, pp.87-108.

5 Le Breton D., *Expériences de la douleur, Entre destruction et renaissance.* Paris: Métaillé, 2010, p.130.

6 Sordet-Guepet H., *L'insaisissable fibromyalgie.* Evolution psychiatrique, 2004, 69, pp.671-689. Pirlot G., Cupa D., *La douleur peut-elle être perçue et cherchée plus "vivement" dans une culture post moderne en perte de sens?* Evolution psychiatrique, 2006, 71, pp.729-743.

7 Illich I., *L'obsession de la santé parfaite.* Le Monde diplomatique, mars 1999, p.28.

8 Lasch C., *La culture du narcissisme.* Castelnau-Le-Lez : Climats, 2000.

9 Laurent M., Bourreau F., Krakowski I., Les structures d'évaluation et de traitement de la douleur rebelle. Quelles perspectives ? Douleurs, 2002, 3, p.271.

10 Del Volgo M-J., La douleur du malade. Ramonville St Agne: ERES, 2003.

11 Gaspard J-L., Besset Lopez V., Zanotti S., et al. 국제 조사 연구. 만성 통증 환자들의 치료-동반된 효과적인 전략 개발. 프랑스-브라질, 2012-2014.

12 Gaspard J-L., (sous la Dir.) *La souffrance de L'etre : formes modernes et traitements,* Toulouse: Eres, 2014.

13 Dupim G.V.S., *Angoisse, corps et douleur: particularités dans les choix amoureux.* Thèse de doctorat. Université Rennes 2 et Universidade Federal do Rio de Janeiro, 2014, p.236.

14 이러한 이야기는 아카데미 프랑쎄즈 회원인 장-크리스토프 루팽이 『불

도마뱀』(폴리오, 2006)이라는 자신의 소설에서 소개한 이야기를 반향
한다.

15 여기서 『텔레비지옹』에서의 라깡의 확언을 떠올려볼 수 있다: "여자
가 남자를 만나는 건 정신증 속에서뿐이다." *Télévision.* (1973). Paris:
Seuil, p.63.

16 Freud S., *Malaise dans la civilisation.* *(1930).* Paris: PUF, 1971.

17 Lacan J., *Encore. Le Séminaire Livre XX.* *(1972-1973).* Paris: Seuil,
1975.

18 Lacan J., *L'angoisse. Le Séminaire livre X.* *(1962-1963).* Paris: Seuil,
2004.

19 Lacan J., *Psychanalyse et médecine.* *(1966).* Le Bloc-Notes de la
psychanalyse, 7, 1987, pp.24-25.

20 Gaspard J-L., *Le corps du refus dans la modernité : l'exemple de la
fibromyalgie. In : Pratiques et usages du corps dans notre modernité.*
Sous la dir. de Gaspard J-L. et Doucet C. Toulouse: Eres, 2009, pp.129-
139.

21 Abelhauser A., *Le corps est l'âme. In Pratiques et usages du corps dans
notre modernité.* Sous la dir. de Gaspard J-L. et Doucet C Toulouse:
Erès, 2009, pp.47-56.

22 Lacan J., *Télévision.* (1973). Paris: Seuil, pp.63-64.

23 Castellanos S., El dolor y los lenguajes del cuerpo. Buenos Aires: Grama
Ediciones. 2009.

24 Dupim G.V.S., Besset V.L.S., L. Devastação: um nome para dor de amor.
Opção Lacaniana online nova série, v. 6, pp. 1-6, 2011. Disponível em:
http://www.opcaolacaniana.com.br/pdf/ numero_6/devastacao_um_
nome_para_dor_de_amor.pdf Acesso em 28 out. 2013.

25 Brousse M-H. B., *En busca de lo femenino. In Goldenberg M., (Org.)
De astucias y estragos femeninos.* Buenos Aires: Grama Ediciones, 2008,
pp.17-23. Brousse, M-H. B. La astucia de las niñas. In Salmas S., (Org.)
Psicoanálisis con niños 2. Buenos Aires: Grama ediciones, 2004.

우울증의 정신분석적 임상에 관하여
On the Psychoanalytical Clinic of Depression

다니엘르 올리브 Danièle Olive*

인터뷰: 이수련 Soo-Ryun Lee**

2015년 7월 24일 렌느에서

안녕하세요, 우울증을 주제로 한 인터뷰에 앞서 간단한 본인 소개를 부탁드립니다.

네, 저는 정신과 의사이자 정신분석가인 다니엘르 올리브입니다. 현재는 아동 및 청소년 상담을 전담하고 있는 Centre Médico-Psychico Pédagogique 약자로 C.M.P.P.라는 병원과 개인 클리닉에서 일하고 있습니다. 전공은 소아정신과이지만 제가 운영하는 개인 클리닉에서는 성인 상담도 병행하고 있고요. C.M.P.P.는 의학−심리 교육 센터의 약자로서 제가 일하는 병원에서는 아동과 대략 21세까지의 청소년 상담을 진행하고 있습니다. 최근까지 일반적으로 전반적 발달 장애Trouble Envahissant du Developpement, TED라고 불리는 정신병 아

* 정신과 전문의, 정신분석가, 現 렌느대학교 심리지원국장
** 정신분석가, 임상심리사, 한스아동청소년상담센터 원장, 한스정신병리연구센터장

동들을 치료하는 이제르 아동청소년 낮병원Hôpital de jour에서 일을 했었습니다.

현재 일하고 계시는 C.M.P.P.의 경우는 주로 정신병 환자를 위한 병원은 아니라고 알고 있는데요.

그렇죠. 정신병 환자가 있기도 하지만, 다양한 증상을 가진 환자들이 찾아오는 클리닉입니다.

정신적으로 매우 심각한 문제가 있는 경우는 주로 입원을 하게 되나요?

네, 프랑스 정신병원은 두 가지로 나뉘는데요. 상담을 중심으로 하는 C.M.P.와 중증환자를 치료하는 입원병원(전적으로 입원하는 병원과 낮병원)이 있습니다. 모두 건강보험이 적용되는 공공병원이고요. 현재 제가 일하고 있는 C.M.P.P.의 경우는 C.M.P.와 동일한 상담 치료 병원인데 다른 점은 치료비의 절반만 건강보험이 적용되고 나머지는 개인부담이라는 것입니다.

———

이제 우울증의 문제로 들어가 볼까요? 한국에서는 우울증 진단이 일반적으로 DSMDiagnostic and Statistical Manual의 기준에 따르고 있는데요. 프랑스에서는 어떤 식으로 이루어지고 있는지 설명 부탁드립니다. 그런데 심리적으로 문제가 있다고 여겨질 때 사람들은 주로 정신병원을 찾아가나요? 처음부터 정신분석가의 상담실을 찾는 경우도 많은가요?

보통 심각한 행위로의 이행passage à l'acte이 없는 경우라면 주로 정신과 의사나 임상심리사 혹은 정신분석가의 개인 상담클리닉을 찾습니다. 물론 상담전문병원으로 오기도 하지요. 하지만 행위로의 이행이 있을 때는 주로 곧바로 입원치료를 하게 됩니다. 자살시도 같은 경우를 말하는 것이지요.

위에 드린 진단에 관한 질문에 대해 정신분석적인 관점과 정신의학적인 관점에서 설명해 주실 수 있을 것 같은데요.

정신의학적인 관점에서라면, 프랑스도 마찬가지로 DSM이 지배적입니다. 반면 정신분석가는 우울증으로부터 임상문제에 접근하는 것을 적절하다고 보지 않습니다.

네, 하지만 특정하게 우울이라는 정동과 관련된 요소들을 가지고 있는 사람들이 존재하긴 하지요.

우리가 우울증이라고 알고 있는 것이 동반하는 것들, 예를 들면 슬픔, 행위로의 이행, 자기평가절하 등의 증상이 분명히 있지만, 정신분석가의 관심은 과오와 죄책감의 문제, 그리고 행위로의 이행과 관련된 주체의 포지션이 어떠한가를 알아내는 것입니다. 우울증이라는 용어는 신경증과 정신병의 구분을 지워 버리죠. 자기평가절하, 슬픔 등을 비롯한 모든 정동들은 판별적인 것이 아닙니다. 따라서 언제나 관건은 주체가 주체적 인과성과 관련하여 어떻게 자리 잡는가 입니다. 주체가 과오, 죄책감, 비난 등에 대하여 어떤 포지션을 취하는가의 문제. 타자를 탓하는가? 아니면 자기 자신을 탓하는가?

주체의 포지션이 비난의 형태에 따라 달라질 수 있다는 말씀이

지요?

　네, 그렇죠. 우울이나 멜랑꼴리와 관련된 라깡주의 정신분석가의 임상은 슬픔 등의 정동을 중심으로 진행되지 않고, 주체가 자신을 어떻게 탓하는가에 따라 이루어집니다. 핵심은 주체의 포지션을 파악하는 것이지요. 주체의 타자에 대한 포지션은 우리가 주이상스에 대한 포지션이라고 부르는 것과 같은 것입니다. 그에게 주이상스가 넘쳐나는가? 모자라는가? 결국 문제는 주체가 폐제의 수준에 있는지 아닌지를 우선 알아내야 한다는 것입니다.

　요컨대 우울적인 정동에는 두 가지 범주가 있다는 말씀이신데요. 정신병적인 범주 내에 있는 우울과 신경증적인 범주 내에 있는 우울, 이렇게요. 정신병적인 우울이 이른바 멜랑꼴리인데요...

　멜랑꼴리는 프로이트가 따로 분리해 내서 유지시킨 개념이지요.

　사실 정신의학 등의 영역에서는 이제 더 이상 이러한 구분을 하지 않는다고 알고 있습니다.

　네, 그러한 구분은 사라졌지요. 대신 슬픔, 고통, 억제 등의 정동을 기준으로 삼고, 그 강도를 수치를 통해 평가합니다. 하지만 주체의 문제를 다루려면 죄책감과 비난, 과오의 문제를 반드시 다루어야 합니다. 주체가 모든 것을 자신의 탓으로 돌리는가? 즉 모든 것의 원인을 자신이라고 여기는가, 그렇지 않은가?

　정신병적 멜랑꼴리를 구분해야 하고, 우울증을 하나의 독립된 진단명으로 간주할 수 없다는 말씀이신데요. 하지만 주체에게서 현상적으로 어떤 우울증적 증상들이 나타나고 그러한 요소들이 병리

적인 수준으로까지 발전하는 경우들이 있습니다.

그렇습니다. 단, 그 문제는 주체와 그의 욕망의 관계 속에서 접근해야 합니다. 그의 욕망이 고장 난 것인가? 그렇다면 어떤 고장인가? 강박증적인 고장인가? 이는 욕망하는 것이 불가능한, 말하자면 욕망이 사망하는 것이지요. 혹은 히스테리적인 방식의 고장인가? 말하자면 스스로를 원하는 것에 이르지 못하는 불쌍한 자로 만들고, 그럼으로써 타자의 관심을 유발하는 것입니다.

멜랑꼴리의 경우는 주체의 삶과 인격에 치명적인 영향을 줄 정도로 대상들로부터의 투자를 완전히 철수하고 자기 자신으로 침잠되어 버리지요. 자신으로의 전적인 회귀입니다. 반면에 신경증은 욕망이 고장 난 것이라고 할 수 있는데, 그것이 타자와 어떤 방식으로 분절되는지를 보아야 합니다. 어떤 의미에서 그것은 타자에 대한 호출이기 때문입니다.

그렇다면 우울을 증상이라고 볼 수 있을까요? 하나의 증상으로 간주해야 할까요?

증상이라고 볼 수 있습니다. 단, 주체가 그것에 의문을 제기하고, 그것에 자신이 모르는 어떤 지식savoir이 있다고 가정하는 순간부터 증상이 되는 것이지요. 그것이 자신에 대한 무엇인가를 의미하는 것으로 상정될 때 우울은 하나의 증상이 될 수 있습니다. "내게 무슨 일이 일어난 거지?" 그러면서 자신에게 일어난 것을 해독하기 시작하지요. 즉 주체가 자신이 찾는 지식을 상정하면서부터 그것은 하나의 증상입니다. 예를 들면 그것은 현상적으로 신경쇠약, 할일을 계속 미루기, 결정 불가, 무기력증, 욕망의 불가능 등처럼 강박 신경증의 증상으로 나타날 수 있습니다.

정신분석적인 관점에서라면 관건은 욕망에 대한 주체의 포지션이고, 우울증은 그 자체로 하나의 병명이 아니지 않습니까 ? 그런데 유독 최근에 우울증에 대한 이야기를 많이 합니다. 많은 논의가 오가고, 그 증상으로 괴로움을 호소하는 사람들이 점점 많아지고 있습니다.

그렇습니다. 최근에 우울증을 많이 이야기합니다. 그 이유는 무엇일까요? 가장 큰 이유는 항우울제의 생산 때문입니다. 현대의 임상 클리닉은 제약 제품에 상응해서 조직됩니다. 다시 말해 주체의 관계, 말, 발화행위 등으로부터가 아니라, 피곤, 불면, 슬픔 등처럼 몸에서 나타나는 효과들로부터 임상이 구성되지요. 육체의 기능, 기관들과 관련하여 이루어진다는 말입니다. 그렇기 때문에 임상의 모든 범주들이 항우울제에 응하여 동원되는 것이지요.

물론 이 외에도 현대에 왜 이러한 불만이 늘어나는지에 대한 여러 이유가 있겠지만, 가장 주요하게는 삶의 지침이 되어 주는 것과 관련하여 문명에 어떤 변화가 생겼기 때문일 겁니다. 예전에는 주체가 어떤 이상들에 의해 조절되면서, 살아가면서 무엇을 해야 할지, 자신이 어떤 자리를 맡아야 할지가 다소간 분명했었지요. 그러한 역할을 맡았던 전통적인 이상들과 주체의 욕망 사이에 간극이 그리 크지 않았었습니다.

그런데 현대에는 주체의 실존의 방향을 잡아 주던 이상들이 약해지고 주이상스로의 접근이 좀 더 허용되게 되지요. 그리고 그러한 주이상스와의 관계는 아무런 의미도 만들어 내지 못하는 소비의 형태로 구현됩니다. 이제 주체는 각자 스스로 자신이 기입될 수 있는 상징적인 자리를 만들어 내야 합니다. 정신분석은 전통적인 이상도,

새로운 시니피앙도 찾아내지 못한 주체로 하여금 자신의 고유성을 가지고 자신의 자리를 만들어 낼 수 있도록 작업합니다. 자기 자신의 스타일이 될 것을 찾아내도록 말이지요.

사실 우울이라는 것은 과잉trop의 결과라고 볼 수 있을 것 같습니다. 물자가 풍부하지 않았던 예전에 비해 모든 것을 가진 오늘날 사람들이 오히려 우울에 빠지는 것을 보면요. 주이상스는 넘쳐나고 욕망은 고장이 나는 것이지요.

네, 현대는 화려한 소비의 사회입니다. 하지만, 우리는 매번 놓치는 것이 있지요. 현상적으로 주이상스는 넘쳐나지만, 그럼에도 불구하고 늘 결여되어 있습니다. 그렇기 때문에 늘 다시 보충하는 대상이 필요하고, 소비는 무한하게 됩니다. 보충적인 대상, 보충적인 믿음을 끝없이 추구하는 것, 이것이 현대 주체가 당면한 문제입니다. 따라서 관건은 이러한 주이상스의 차원과 타자를 어떻게 묶어 내느냐 이지요. 주이상스를 어떻게 상징계에 새겨 넣을 것인가.

———

아동의 경우에는 우울 정동이 나타날 때, 그것을 야기시키는 어떤 특정한 요소들이 있습니까?

언제나 문제는 상실과의 만남이지요. 사랑의 상실, 실재적 상실.

아이가 자신이 부모를 완벽하게 채울 수 없다는 것, 완전하게 할 수 없다는 사실에 대면하게 될 때, 상실의 효과가 일어나는데, 이는 다시 말해 타자의 욕망의 문제가 제기되는 것이지요.

예를 들면, 동생이 태어나거나 부모 사이에 문제가 생기거나 하는 경우겠지요?

네, 그렇습니다. 그것은 엄마나 아빠에게 있는 결여를 드러내는 사건들이지요. 이때 "나는 타자에게 누구인가?"라는 질문이 생겨납니다. 이는 우울 정동을 만들어 낼 수 있어요. 일종의 증상으로서요. 그리고 그러한 질문에 주체가 어떻게 응답하느냐에 따라 임상적인 구조의 범주가 달라지게 되지요. 거부deni로서 응답하느냐? 거세, 다시 말해 상징적으로 새겨진 결여의 차원에 있는 어떤 것으로 응답하느냐? 아니면 폐제로 답하느냐?

발달론적인 차원에서 본다면, 우울 정동이 특히 더 잘 나타나는 시기가 있을까요?

초기에 라깡은 멜라니 클라인을 참조하면서 거울 단계를 동일시(이상적인 이미지와의 최초의 동일시)의 효과가 생기는 시기이면서 동시에 상실의 효과의 시기로 규정합니다. 이는 라깡이 상상계, 특히 자신이 '주체의 원초적인 희생'이라고 불렀던 시기에 대해 최초로 세운 가정이지요. 즉 이상적인 이미지의 구성이 일어나는 이 시기에 상실의 차원 역시 존재한다는 것입니다. 클라인에게서는 이것에 상응하는 것이 우울적 포지션이지요.

그리고 상징계의 차원에서는 포르다fort-da로부터 상실이 나타납니다. 시니피앙에 의한 주체의 표상 작용에는 상실이 따라오게 됩니다. 발달론적인 차원에서 보자면, 사실 거의 모든 시기에 거세의 문제가 다시 대두된다고 할 수 있고요.

———

우울 정동에는 성별의 차이가 있습니까? 예를 들어 아동이나 청소년의 경우 성별에 따라 차이점이 있나요? 결여에 대한 주체의 포지션이 성에 따라 다른 걸로 알고 있는데요.

네, 그렇습니다. 하지만 문화적인 차원에서의 차이점도 고려해야 합니다. 단, 여자아이들은 그것에 대해 좀 더 수월하게 말하는 편입니다. 여자들은 결여와의 관계에 대해 좀 더 쉽게 이야기합니다.

현상적으로 보면 우울증은 여성에게서 좀더 빈번하게 일어나는 것 같습니다. 남녀 사이에 결여와의 관계가 드러나는 방식이 다른 것이겠지요?

그렇습니다. 하지만 문화적인 요인들도 있는 것이 예를 들어 예전에는 남자 청소년의 경우 폭력적인 행동들이나 알콜, 흡연, 약물 등의 문제가 많았는데, 최근에는 여자 청소년에게서도 이런 문제들이 많이 보이거든요.

네, 성별의 구조가 있다고 하더라도 사실 문화적인 영향을 고려하지 않을 수가 없겠지요. 청소년에 대해 이야기를 하자면, 그 시기에는 사춘기의 특성들이 있는데요. 우울 정동 또한 그러한 특성이 될 수 있을 것 같습니다. 그렇다면 그런 일반적인 특징과 병리학적으로 문제가 되는 우울이 어떻게 구분될까요?

네, 위중함의 문제이지요. 문제가 심각한 경우, 타자를 향한 호출이 있게 됩니다.

네, 정말 문제가 심각한 경우 주체가 스스로 해결하지 못하게 되니까요.

그렇습니다. 학교 생활, 사회생활 등에 문제가 생기거나 주체의 통합성에 어떤 위협이 나타날 때, 신호가 오게 되지요.

그런데 청소년의 경우, 폭력적이거나 극단적인 행동, 혹은 우울적인 정동 역시 타자에게 자신이 얼마나 고통스러운지를 보여주는 측면이 있지 않을까요? 말하자면 액팅 아웃acting out이라고 할 수 있는?

그렇습니다. 그때에도 역시 문제는 타자의 욕망인데요. "당신은 나를 잃을 수 있나요?"라는 질문입니다. 타자에게 자신이 무엇인가를 묻는 역할을 하는 절단이나 분리의 효과를 일으키게 됩니다.

주체가 그러한 문제를 감당할 수 없을 정도가 되면 어떤 개입이 필요하게 되는 거겠지요?

그렇습니다. 주체가 질문에 대한 답변을 만들어 낼 수 있도록 말이지요. 액팅 아웃은 타자의 응답에 대한 요구를 포함하고 있습니다.

———

우울 정동에 사로잡힌 주체의 임상에 있어서 특별히 어려운 점이 있을까요?

네, 어렵지요. 예를 들어 멜랑꼴리 주체는 전적으로 고립되어 있고, 죄책감에 사로잡혀 있습니다. 아무것도 의미가 없고, 소용이 없을 때 주체는 말을 걸려고도 하지 않습니다. 말하는 것에 대해서도 더 이상 투자가 이루어지 않는 것이지요.

우울증적 주체에게는 자살의 문제 또한 고려해야 할 텐데요. 임상에서 매우 어려운 상황이지요? 예를 들어 임상가 앞에서 계속해서 "죽고 싶다, 자살할 것이다"라고 반복하는 환자 앞에서 임상가는 어떠한 태도를 취해야 할까요?

먼저 중요한 것은 주체가 괴로워하는 고통의 진정성을 인정해야 합니다. 히스테리의 경우라면 해석을 해야 합니다. 주체가 자신이 얼마나 중요한지를 알아보기 위해 타자의 욕망에 의문을 던질 때, 관건은 그의 이야기에 동원된 시니피앙으로 해석을 하는 것입니다. 주체가 찾는 것은 타자의 욕망입니다. 타자의 욕망을 지탱하는 것이지요.

제가 알고 있는 사례 중에 환자가 분석시간 이외에도 계속해서 분석가에게 연락하고, 자신의 고통을 호소하면서 자살하겠다는 의지를 피력하다가 결국에는 자살을 실행한 경우가 있었는데요...

타자에게 그가 자신을 버렸다고 계속해서 알리는 것입니다. 멜랑꼴리 주체는 버림받은 대상을 구현합니다. 타자를 호출하긴 하지만, 그것은 타자에게 응답을 요구하는 호출이 아닙니다. 부르고, 말을 걸고 하면서 타자에 매달려 있긴 하지만, 동시에 언어의 작용을 벗어난 찌꺼기로서의 대상을 구현합니다. 매우 복잡한 양상이지요.

분석가가 틀렸고 분석이 자신의 불행에 도움이 되지 않는다고 하면서도 분석을 그만두지는 않았는데요. 얼핏 보면 히스테리와 유사해보입니다.

이런 경우, 임상 작업의 정석이라는 것은 없습니다. 여러 가지 접근 방식이 있을 수 있겠지요. 멜랑꼴리는 나락으로 떨어져 있는 자신을 응시하는 타자를 구현하려고 합니다. 이때 분석가는 그러한 타자의 자리를 맡지 않도록 주의해야 하지요. 여기에는 다소간 마조히즘적인 포지션이 있습니다. 자신이 스스로 그 대상이 됨으로써 분석가를 불안하게 하는 것이지요. 멜랑꼴리에서의 이러한 측면은 타자를 무능력하게 놓는 히스테리와 구별됩니다. 주인의 무능력, 그의 결여를 지적하는 것인가, 아니면 좀 더 근본적으로 상징적 작용의 찌꺼기인 대상을, 다시 말해 타자 내에 기입이 불가능한 것으로서의 대상을 구현하는 것인가? 따라서 이와 같은 경우, 분석가가 취할 수 있는 한 가지 입장은 그러한 실패의 찌꺼기를 스스로에게도 어느 정도 되돌리는 방식입니다.

예를 들어 자기 몸을 계속해서 칼로 긋고, 눈을 감은 채 고속도로를 달리는 등의 위험한 행위를 하는 주체에게 금지 대신에, 말하자면 주인으로 자리 잡고 그만하라고 명령하는 대신에 대상의 자리를 차지하는 그의 주이상스를 다소간 공유하고, 자신의 쪽으로 그러한 실패의 찌꺼기의 차원을 옮기는 것은 전이의 효과를 나타나게 합니다. 물론 앞에서 말했듯이 일차적으로는 주체의 고통의 진정성을 인정해야 합니다.

———

마지막으로 치료약물의 사용에 관한 질문인데요. 앞에서도 이야기한 바 있지만 정신분석가이자 정신과 의사로서 이 문제에 대해 생각하는 바를 말씀해 주세요.

멜랑꼴리, 멜랑꼴리적 요소가 두드러지는 정신분열증, 멜랑꼴리적 요소가 두드러지는 편집증 등의 경우, 항우울제나 신경안정제 약물을 사용합니다. 반면, 신경증은 대부분 상담을 통한 치료법을 쓰지요. 신경증자들은 언어를 사용한 치료에 좀 더 잘 응합니다. 구조상 멜랑꼴리는 언어를 벗어나는 부분이 있습니다. 물론 신경증자들 중에도 말하기를 원치 않는 사람들이 있지만요. 신경증이지만, 간혹 환자의 삶에 심각한 문제가 야기될 때, 예를 들어 자살을 시도하거나 했을 때에는 약을 처방합니다.

요컨대 불안이 전면에 나타날 때엔 약을 처방합니다. 불안이라는 것은 어떤 경우에든 처리를 해야 하는 것이기 때문입니다. 불안에 완전히 압도되었을 때엔 언어와의 관계가 무너질 수 있는데, 이를 다시 세우는 것이 중요합니다. 그리고 이런 경우에는 약을 통한 치료가 유용하지요.

정신분석이 치료약물 사용에 무조건 반대하는 것은 아니지요?

정신분석은 약물 사용 전체에 반대하는 것이 아니라, 그것에만 의존하게 되는 것을 반대하는 것이지요. 말하자면 약물 사용이 일반화되는 것을 경계합니다. 각 사례에 따라 약물을 어떤 식으로 사용할지를 알아야 합니다. 약으로 모든 문제를 덮으면 안 되는 것이지요. 불안에 전적으로 휩싸인 주체에게 약을 사용하여 불안에 제한을 가하고, 언어와 타자와의 관계를 다시 맺게 해 주는 것, 서서히 약 대신 말에 자리를 내주는 방식으로 가야 합니다.

그리고 신경증의 경우엔 특히 약의 사용을 유의해야 합니다. 예를 들어, 어떤 사람이 이별이나 애도, 일에서의 문제 등으로 찾아왔을 때, 곧바로 약을 써서 그 고통을 없애 버리는 것이 옳은 방법은 아닙니다. 무조건 고통을 가라앉히고 사라지게 하는 것이 아니라, 문제의 핵심을 파악하고 주체가 그것을 해결할 수 있을지를 보아야 하지요.

일단 상담이 시작되면, 전이가 많은 치료를 수행하게 됩니다. 주체가 말하기 시작하는 것 자체가 큰 희망이지요. 말을 함으로써 욕망이 다시 작동하기 시작하기 때문입니다. 그리고 그것이 이미 우울에 대한 치료입니다. 증상이 있다고 그것을 바로 없애는 것이 중요한 게 아니라, 그것에 대해 말할 수 있도록 상황을 이끌어 주는 것이 중요합니다. 주체에게 다소간의 고통을 남겨 두는 것이 필요할 때도 있지요.

———

네, 사실 약간의 고통을 가지고 사는 건 나쁘지 않지요. 제가 준비한 질문은 이제 다 끝났는데요. 덧붙이실 말씀은 없을까요?

사실 우울증이라는 것은 정신분석적인 임상의 단위라고 볼 수 없습니다. 그보다 중요한 것은 주체와 주이상스의 관계이지요. 주이상스에 대하여 어떤 포지션을 취하는가?

아동의 경우, 멜랑꼴리를 제외하고는 대부분 우울의 문제는 가려져 있습니다. 다른 식으로 나타나곤 하지요. 학교생활의 문제, 나쁜 성격이라고 불리는 것, 부모와 떨어지지 못함, 먹는 문제, 불면, 신체적인 증상 등으로 나타납니다. 이 모든 것들이 주체의 불행이라고 해석될 수 있지요. 아동에게서 우울증 진단이 잘 나오지 않는 것에는 또 다른 이유가 있는데요. 바로 아동용 항우울제가 없어서이기도 하지요. 그보다는 과잉행동장애, 중증발달 장애 등의 이름이 붙여집니다. 신경안정제에 상응하는 증상들이 병명을 얻게 되는 것이지요. 만약 아동용 항우울제가 개발되면 모든 아이들이 우울증 진단을 받게 되지 않을까요?

오늘 인터뷰에 응해 주신 것에 감사드립니다. 우울증이라는 것이 정신분석적인 관점에서 주체의 포지션을 드러내 주는 구조적인 범주나, 하나의 독립적인 병리가 될 수는 없지만, 현대인들이 자신의 심리 상태를 진단할 때 가장 익숙한 개념인 것은 사실인데요. 언어를 사용하는 인간에게 근본적인 문제인 결여의 문제, 상실되어야 하는 주이상스의 문제와 그에 대한 주체의 포지션에 접근할 수 있는 다소간 일반화된 주제라고 할 수 있을 것 같습니다. 정신분석적이지 않은 개념이지만, 그것을 정신분석적인 개념에 접근할 수 있는 출입문으로 이용할 수 있지 않을까 합니다. 실제 임상에서 어떤 방향으로 이끌어 나갈지는 임상가와 그의 윤리의 숙제로 남겨지는 것이겠지요. 오늘 해 주신 말씀들이 한국 임상가들이 우울과 멜랑꼴리의 임상을 다룰 때 많은 도움이 될 것 같습니다. 다시 한 번 진심으로 감사드립니다.

번역: 이수련

Interviewed and Translated by Soo-Ryun Lee

라깡 이론은 DSM-5에 어떻게 기여할 수 있는가?
- 양극성 장애의 진단 그리고 애도 대 임상적 우울증을 둘러싼 논란에 대한 논의

How Could Lacanian Theory Contribute to DSM-5?
Disscussion of diagnosis of Bipolar disorder and the
controversy around grief versus clinical depression[*]

막달레나 로마노비치 Magdalena Romanowicz[**]

라울 몬케이요 Raul Moncayo[***]

10년간의 뜨거운 논쟁 끝에 드디어 DSM의 새로운 버전인 DSM-5[1]가 출간되었다. DSM-5는 그간 많은 논란을 불러일으켰다. DSM-IV 준비위원회 의장이었던 앨런 프랜시스는, "기본적으로는 정상인 수많은 사람들에게 DSM-5가 잘못된 꼬리표를 다는 결과를 초래할 것"이라며 우려를 표하였다. 그 새로운 매뉴얼로는 애도가 주요우울장애로 빠르게 바뀌게 될 것이다. 이 논문에서는 라깡 이론을 빌려 위에서 언급한 DSM-5의 변화

[*] 이 논문은 European Journal of Psychoanalysis (On-Line) (2014)에 게재되었던 논문으로, 저자의 승인을 받아 번역 게재하였음. This papers was originally published on European Journal of Psychoanalysis, 2014 (On-Line). Published here under the author's permission.
[**] 정신과 전문의, 미국 맨체스터 엘리엇병원 아동-청소년 정신과 전문의
[***] 교육지도 정신분석가, 샌프란시스코 베이 지역 라깡 정신분석학교 창립 및 회원

일부를 살펴보고자 한다. 라깡적 관점에서 우울증은 현실의 대상/가족 구성원의 우연한 상실에 의해 야기될 뿐만 아니라 정상발달에서 부분 대상의 상실이 결여될 때도 야기된다. 정신의학은 애도를 병리화하면서 사람들이 애도하고 싶지 않다거나 애도해서는 안 된다고 느낄 것이라고 감히 말하지만, 만약 애도하지 않는다면 그로 인해 역설적으로 우울증에 취약해질 수 있다. 또한 우리는 널리 알려진 양극성 장애의 진단에 대해서도 논의하고 정신분석 이론들의 맥락에서 DSM의 변화들을 탐구할 것이다. 라깡 이론은 DSM에 무엇을 제공할 수 있을까? 마지막으로는 경계선 성격에서의 기분변동과 양극성 장애 II형에서의 기분기복 간의 끝없는 논란에 대해 간단히 언급할 것이다.

서론

『정신질환의 진단 및 통계 편람 제1판』(DSM-I)은 1952년에 출간되었지만 그 기원은 1840년으로 거슬러 올라가는데, 당시 미국 정부는 정신질환에 대한 자료를 모으고자 하였다. 그 인구조사는 '저능/정신이상'이라는 용어들을 거리낌 없이 사용했다는 점에서 흥미롭다. 어떤 의미에서는 모두가 '정상' 아니면 '정신이상'으로 나뉠 정도로 그 분류는 아주 단순하였다. 40년이 지난 뒤에는 "조증mania, 멜랑콜리아melancholia, 편집광monomania, 부전마비paresis, 치매dementia, 음주광dipsomania 그리고 간질epilepsy" 등의 일곱 가지 범주가 '정신이상'에 포함되었다.

이상의 일곱 가지 범주로부터 시작하여 1952년 DSM-I에는 106개의 질환에 대한 설명이 포함되었는데, 이는 '반응들reactions'로 언급되었다. 16년 후인 1968년, DSM-II에서는 그 수가 182

개로 늘어났다. DSM-I과 DSM-II는 주로 정신역동적 관점에서 만들어졌지만, 1980년에 나온 DSM-III는 경험적 기술에 초점을 맞춘 완전히 새로운 시각을 가지고 있었다. 여기에는 265개라는 상당히 많은 수의 진단적 범주가 포함되었다. 1994년 DSM-IV에 이르러서는 많은 변화가 없었음에도 그 수가 300개를 넘어섰다. 이제 발간된 DSM-5는 전 세계 정신과의사들이 환자들을 진단하기 위해 사용하는 증상 체크리스트들로 1000페이지가 넘는다.

DSM-II와 DSM-III 사이에는 DSM 역사상 큰 변화가 있었다. 그 변화들은 정신건강전문가들이 처음에는 대체적으로 정신역동적 관점에서 정신질환을 바라보았고, 또 그것을 내부의 욕동들drives/소원들wishes과 방어들defences 사이의 갈등의 산물로 개념화했다는 것을 보여준다. DSM-I과 DSM-II에서는 증상들이 대체로 진단과는 무관했다. DSM-III는 프로이트보다는 에밀 크레펠린을 따르고 있다. 개별 증후군과 질환이라는 개념이 만들어졌기 때문에 양극성 장애, 정신분열병 그리고 주요우울장애는 다르게 치료되어야 했고 각각 고유한 원인을 가지고 있었다.

DSM-5로 인해, 분명 우리는 1840년의 정신이상이라는 '하나의 질환'으로부터 증상과 그 지속기간이 정확히 묘사된 300개가 넘는 질병과 장애로의 큰 진전을 이루었다. 하지만 유감스럽게도 환자들은 그 책을 읽지 않는다. 정신과 의사들과 다른 정신건강전문가들은 환자들이 이러한 범주에 딱 들어맞는 경우가 드물다는 것에 종종 좌절한다. 게다가 증상들은 시간이 흐르면서 자주 변해 버린다. 이 때문에 환자들은 서로 다른 진단들의 '수집가'가 되어 버리는데, 이는 그들에게 아주 괴로운 것일 수 있다.

또한 이 때문에 여러 약물이 투약되어 위험해질 수도 있다. 우리는 이에 대한 설명을 돕기 위해 기초 연구를 가져오려고 한다. 그리고 더 빠르고 더 정확하게 진단할 수 있는 유전자 검사와 대사 검사, 그리고 영상 검사를 꿈꾼다. 하지만 유감스럽게도 생물학적 검사들은 정신의학적 질환들이 서로 중복된다는 것과 아마도 그 진단들의 수가 적으면 적을수록 좋을 것이라는 생각만을 지지할 뿐이다.

기능성 자기공명영상을 이용한 연구들을 통해 불안장애 환자들과 기분장애 환자들이 공통적으로 부정적 감정이나 혐오감에 대해 편도체 영역에서의 과활성 반응을 보인다는 것을 알 수 있다. 이와 유사하게 정신분열병 환자들과 외상후스트레스장애 환자들은 지속적인 집중력을 요하는 작업을 수행할 때 모두 전전두엽 피질에 활성도 이상을 보인다.[2]

유전학도 이와 유사한 결과들을 보여 준다.[3]

DSM-5의 출간은 정신역동적 관점을 가진 이들뿐만 아니라 생물학적 관점을 가진 정신과 의사들과 연구자들로부터도 수많은 비난을 불러일으켰다. 국립정신건강연구소(NIMH)는 DSM-5의 출간 2주 전에 재정지원을 중단하였다. 국립정신건강연구소 소장인 토마스 R. 인셀은 '타당성 부족'을 들어 DSM을 비난하였고 "정신질환을 가진 환자들이 더 나은 대접을 받을 필요가 있다"고 하였다. 그는 생물학에 기대는 것이 정신의학적 질병분류를 위한 새로운 방식이라고 하면서, "정신질환의 인지회로와 신경회로, 그리고 유전적 측면들을 맵핑하는 것은 새롭고 더 나은 치료목표들을 만들어 내게 될 것"이라고 했다.

여기서 우리는 "해부학은 운명이 아니며", 인간은 인지회로, 신경회로나 유전적 측면보다는 훨씬 더 복잡하다고 주장하고 있지만, 그럼에도 그것은 아주 유망한 접근법이다.

우리는 DSM-5가 만들어진 과정을 살펴보고자 한다. 상투적으로 들릴 수도 있으나 이러한 분류 전쟁에서 개별 환자는 왜 그런지 모르겠지만 사라져 버렸다. 더욱이, 아무도 그들에게 자신들의 '질병'에 대해 어떻게 느끼는지 혹은 왜 그 질병에 걸리게 되었다고 생각하는지를 묻지 않는다. 그들은 진단 받는 시기에 증상을 내뱉는 고장 난 기계처럼 되고 만다. DSM은 그들이 그것에 대해 *어떻게* 혹은 *왜* 아니면 심지어 무엇을 *생각하는지*보다는 오로지 *그들이 무엇을 하는지*에만 관심이 있어 보인다. 샘 크리스는 "애가Book of Lamentations"라는 흥미로운 글에서 다음과 같이 논평한다.

성적인 쾌락을 위해 주방바닥에 똥을 누는 사람과 찬장에 사는 마귀를 쫓아내기 위해 주방바닥에 똥을 누는 사람이 모두 유분증encopresis이라는 진단 범주에 들어간다. 이는 문제가 되지 않아서가 아니라 마치 그것이 존재하지도 않는 것 같다. 인간은 공동void 주위를 둘러싸도록 친 살갗으로 짠 그물망이다.[4]

라깡 이론은 어떻게 기여할 수 있는가?

라깡은 가장 논란이 많은 정신분석가 중 한 명이다. 그가 했던 표현들 중에서 가장 잘못 전해진 하나는 "무의식은 언어처럼 구조화되어 있다"라는 것인데, 이를 통해 그는 프로이트가 "해부학은 운명이다"라고 한 것에 동의하지 않을 수 있었다. 그는 또한 욕동의 개념을 다시 규정했고 욕동들이 순수하게 생물학적으로 추동되지 않는다고 생각했다. 여기서 가장 관심을 끄는 것은 1950년대에 그가 표면 위상학(원환체, 뫼비우스 띠, 클라인 병, 크로스캡)과 정신적 삶을 결합시키는 데 많은 시간을 보냈다는 것이다. 그는 언어적 시니피앙, 욕망의 논리, 환상 그리고 욕동이 위상학의 논리를 따른다고 주장했다. 라깡은 그것이 주체의 복잡성을 묘사할 수 있는 가장 좋은 방법이라고 주장했다.

우리가 인간 주체에 대해, 혹은 언어가 마음/뇌에 미치는 영향에 대해 그리고 문화가 우리의 타고난 성향을 어떻게 형성하는지 혹은 위상학이 어떻게 정신적 구조를 설명하는지에 대해 말할 때, 우리는 정상성과 병리 간의 구분 너머의 현상들을 언급하고 있는 것이다.

그렇다면 정신병리에 대한 연구는 왜 필요하고 중요한 것일까? 그 이유는 몸에 건강과 질병이 있는 것과 같다. 마음에도 정신적 '불-편함dis-ease'(질병)이 있는 것이다. 그리고 마음의 불-편함은 식별 가능한 패턴과 구조로 나뉘는 경향이 있다는 것을 보게 된다. 정신분석에는 정상성과 병리 사이에 연속성이 있다는 점이 정신의학과 구별된다. 프로이트는 마음에 관한 자신의 이론을 주저 없이 지형학적 이론이라 불렀다. 심층의 위상학적 구조들은 그 구조들을 통해서뿐만 아니라 우리가 증상으로 간주할 수 있는 표면에 드러나는 것을 통해서도 나타날 수 있다.

분할된 형태의 주체성을 나타내는 신경증은 인간의 기본 조건이다. 인간은 본성과 문화 사이에 끼어 있고, 문화는 인간들이 문화적 형식에 따라 몸과 마음을 형성하기를 요구한다. 이것에서 정상성뿐만 아니라 병리도 시작된다. 그러한 신경증은 한 사람의 성격적 구조 안에 구축된다. 다양한 형태의 성격 특성들은 기능이상을 일으키거나 정상생활을 못하도록 하는 증상이 될 수도 있고 그렇지 않을 수도 있지만, 그 가능성들은 성격 특성들과 그에 상응하는 뇌 메커니즘 안에 있는 것이다.

다음의 임상사례를 살펴보자. 정신의학적 병력이 없는 22세 여자가 첫 진료를 위해 당신을 찾아왔다. 그 목적에 대해 물어보니 그녀는 떴다 가라앉았다 하는 기분을 조절하고 싶을 뿐"이라고 말한다. 이후 그녀는 양극단의 기분기복이 자신의 대학생활에서의 여러 관계들과 학업을 얼마나 망쳐 버렸는지에 대해 자세히 설명한다. 그녀는 고등학교 3학년 시절에 가장 심하게 떴었다고 말한다. 그녀는 남자친구와 헤어졌을 때 자기-파괴적인 모습을 보이기 시작했는데, 당시에는 잠을 자지 않아도 괜찮았고 에너지가 차고 넘친다고 느꼈었다. 그녀는 스스로를 성욕이 넘치고, 무모하며, 조심성이 없고 아주 충동적이라고 묘사했다. 2주 동안이나 그런 삽화가 지속되면서 친구들은 그녀에게 말을 걸지 않게 되었고 그녀는 완전히 진이 다 빠져 버렸으며 이후 가라앉은 상태로 '말려들어 갔다'고 말했다. 그녀는 자신의 '저기압 상태'의 특징이 극도의 슬픔과 의욕상실, 쾌감상실, 피로 그리고 '완전한 침체'라고 말했다. 흥미로운 것은 자신이 성인 ADHD(DSM-5에 새롭게 등장함)인지에 대해 물어 왔다는 점이다. 그녀는 초등학교 시절엔 성적이 좋았지만 고등학교에 들어가면서부터 어디에도 집중할 수 없었다고 말했다. 이런 저런 것들을 물어보니 이 환자는 자해cutting가 자신의 기분 변동을 조절할 수 있는 유일한 것이었다고 시인했다. 그녀는 사람들에게 집착하는 경향이 있다고 말했는데, 그 이유는 사람들에 대한 자신의 관심이 시들해질 때 단지 그들과 연락을 끊기 위함이 전부였다. 그녀는 남자친구에게 실연당한 것을 여러 번 힘들게 견뎌 냈고, 그것을 자신의 기분이 들뜨는 주요 원인으로 들었다.

그녀가 가진 병은 무엇인가? 양극성 장애 I형 혹은 II형인가? 아니면 치료받지 않은 경계선 인격장애로 그녀의 증상 대부분을 설명할 수 있을까? 성인형 ADHD에도 함께 이환되어 있는가? 혹시 이 모든 걸 다 가지고 있을까? 언뜻 보기에 '전형적인' 사례가 왜 이런 도전장을 내밀까? 여기서 우리는 DSM이 아주 정확한 진단 도구가 아니기 때문에 질병을 '만들어 내는' 증상들이 그렇게 특정한 것은 아니며 그것들은 종종 중복된다고 제안한다.

라깡의 위상학은 우리가 좀 더 정확해질 수 있게 돕는다. 위상학이 가진 주요 이점은, 거기서는 형태가 아무런 의미가 없다는 것이다. 우리는 그것을 "고무판 기하학"이라고 까지 부른다. 우리는 그것을 긁을 수 있고, 구부릴 수 있지만 그것의 구조가 보존되는 한 문제 될 건 없다. 적어도 그것은 사람들을 외형으로 판단하지 않고, 대신 그들의 구조에 더욱 관심을 가진다는 것에 대한 훌륭한 은유이다. 라깡에게는 그것이 '진료실에서 내 앞에 앉은 그 사람은 정신병 환자인가 신경증자인가 아니면 도착증자인가?'라는 식의 지독히 제한된 선택이기 때문에 일견 단순한 물음이 될 것이다. 세 가지 진단 범주 사이에는 명확하게 규정된 차이가 있는데, 이는 치료와 예후에 상당한 영향을 미치는 것이다. 그 차이들은 표면으로 드러날 뿐만 아니라 무의식의 수준, 오이디푸스적 구조와 가족구조, 주체가 언어에 관계되는 방식, 그리고 아마 가장 중요하게는 사회적 연대link의 본질에서도 나타난다.

여기서 제안하고 있는 것은 진단을 지나치게 단순화시키는 것이 아니라 그것을 임상과 기초 연구에서 관찰하는 것에 더 가깝게 그리고 더 정교하게 만드는 방식이라는 사실을 강조하고 싶다. 신경과학적이고 유전학적인 연구결과들(Dichter et al, 2012; Craddock & Owen, 2010)이 많은 정신질환들을 분리된 범주로 분해하는 것을 뒷받침하지 않는다는 것은 이미 규명되었다.

아마도 현실의 상황은 무의식의 수준에서뿐만 아니라 생물학(그 용어의 넓은 의미에서) 수준에서조차도 변화를 반영하는 구조적 차이/진단이 조금밖에 없는 데다가, 모든 주체는 고유하기 때문에 '표면적으로는' 서로 다른 증상과 징후가 나타나게 된다. 예를 들어, 정신증의 구조를 가지고 있지만 겉으로는 강박적인 행동이나 강박적인 수집을 보이는 환자가 있을 수 있다. 또 다른 예는 분열정동장애Schizoaffective disorder라는 진단으로, 이들은 기분 증상을 보이지만 정신증의 구조로 볼 수 있다.

여전히 의문은 남는다. 어떻게 하나의 질병으로부터 시작해서 지금은 300개가 넘게 되었고, 심지어 계속 증가하는 것처럼 보이는 것일까. 이는 정신의학이 주요 범주 안에 있는 모든 변이들을 독립된 질환으로 설명하려고 했기 때문이라고 생각한다. 그 많은 변이들로는 증상들이 서로 중복되게 되고, 진단적 혼란과 연구에 있어서의 실제 어려움을 초래하게 된다. 일부 정신과 의사/연구자들은 DSM이 택한 접근법을 수정하려 시도했다. 예를 들어 크래독과 오웬(2010)은 아래에서 보는 것과 같은 차원 스펙트럼dimensional spectrum 모델을 제안했다.

In the dimensional approach to psychiatry, mental-health conditions lie on a spectrum (example shown here) that has partly overlapping causes and symptoms.

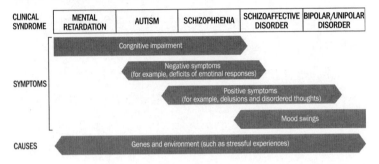

From David A. Mental health: On the spectrum 24 April 2013[5]

우리는 차원 스펙트럼 모델을 따라 다음의 다섯 가지 진단 구조 범주들을 제안한다. 자폐증-정신증-경계선-도착증-신경증. 게다가 모든 구조는 특정 주체의 위상학적 구조의 표면에서 관찰되는 특정 증상과 징후들로 추가적으로 기술된다. 구조적 범주들 간에는 분명한 차이가 있다. 예를 들어, 정신증적 주체는 신경증적 주체와 매우 다른 것이다. 증상과 징후는 스펙트럼 위에 있고, 서로 중복된다. 유전자와 환경은 서로 상호작용하고, 구조와도 상호작용하며 그에 맞춰 특정 증상들을 만들어 낸다.

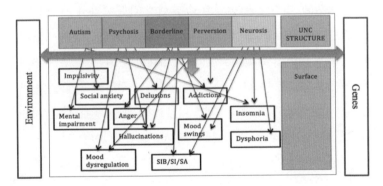

이제 프로이트를 따라, 특정 방어의 형성과 발달상의 고착지점에 의거하여 위상학적 구조들을 구별할 수 있다. 아래의 표를 보자.

장애 (Disorder)	방어 (Defense)	고착 (Fixation)
자폐증	출생 그리고 통시적 시간 혹은 연대기적 시간 안에 사는 데 맞서기	절대적 일차자기애
정신증	상상적 남근과의 동일시와 아버지-의-이름의 폐제 *foreclosure*	상대적 일차자기애
경계선	상호주체적 분리 *intersubjective splitting*	거울이미지에 대하여 이상적 자아
도착증	법의 부인 *disavowal*	결여에 대하여
신경증	법의 인정과의 동일시: 억압 *repression*	자아 이상에 대하여

자폐증적 전-주체pre-subject는 그 개인과 어머니/대타자를 포함하는 영원한 유아론적 비눗방울 안에서 살고 있고, 이러한 하나One에는 온 세상이 들어 있다. 프로이트는 절대적인 일차 자기애를 자궁 내 삶의 조건으로 묘사했는데, 자궁 내에서는 어머니와 아이의 육체가 서로 구별되지 않는다. 자기와 다른 존재들이 구분되지 않지만, 어머니와 아이는 하나의 비눗방울 안에서 서로 관련된다. 자폐증적 전-주체는 하나의 육체/비눗방울 밖으로 태어나길 거부하고, 말하거나 언어를 사용하지 않는다. 기능으로서의 아버지는 자폐증적 전-주체에게는 아무 상관이 없다.

정신증에서는 전-주체가 대타자 주이상스의 남근적 대상인

젖가슴-아이와 동일시된다(나는 대타자에게 어떤 대상인가?). 정신증자는 주로 어머니의 상대적인 자기애 대상이다. '진정한 주체'나 통합된 거울 신체 이미지는 없다. 정신증자도 말은 하겠지만, 언어 질서가 부성 은유나 아버지-의-이름에 의해 한데 묶여지지 않기 때문에 결국 연상이완을 초래한다. 그것은 자기애의 일차적 형태인데, 왜냐하면 주체는 대상으로부터 구별된 적이 없고 리비도는 (어머니의 환상의) 대상으로서의 전-주체에 전적으로 달려 있기 때문이다. 아버지는 잔인하고, 하나의 기능으로 상징화될 수 없으며, 혹은 어머니/아이 결합을 조정/거세하지 못한다.

경계선 주체는 이차 자기애, 상징적 이름 그리고 통합된 상상적인 이상적 자아(신체 이미지)를 획득하지만 여전히 전체 이미지에 고착되어 있고 어머니의 욕망의 대상이 되는 것에 고착되어 있다. 경계선 주체는 그 이미지에 있는 결함들을 발견하지 못하거나 대타자/아버지를 향해 돌아선 어머니의 욕망의 단면을 보지 못한다. 타자에게 있는 결함은 타자를 나쁜 것으로 만들고, 같은 이유로, 경계선 주체를 좋고 완벽한 것으로 만든다. 반대로 타자가 좋고 완벽한 거울 이미지를 구현하고 있다고 간주되면, 주체는 나쁘면서 사랑스럽지 않은 것이 되고, '타자의 욕망의 원인'으로서의 대상이 되는 데 있어서 실패가 된다. 여기서 경계선 주체에게는 정신병적 붕괴나 악의적인 형태의 이인증으로 퇴행하게 될 위험이 있고, 또한 비사회적이거나 무-규범적 특성을 보일 수도 있다. 경계선 주체는 보통 약물 중독 문제를 가지고 있고, 특이한 옷을 입으며, 충동조절에 문제를 가지고 있고, 성적인 행동화에 빠져 있으며, 몸에 많은 피어싱과 문신을 가지고 있다.

도착증자/소시오패스는 거울 이미지에서 결여/결함을 만나게 된다. 아버지의 현존을 인식하지만, 법 그리고 아버지-의-이름은 부인되고, 주체는 계속해서 어떤 구성적 기능이 없는 순수한 부정성으로서의 결여에 고착된 채 남아 있게 된다. 그렇지 않다면, 도착증자는 완벽하게 정상적이고 매력적이며 의례적으로 보일 수 있다.

후자는 우리를 신경증적 구조로 데려가는데, 이 구조에서는 의례성이 도착증자의 경우처럼 표면에만 있는 것이 아니라 구조적인 것이다. 신경증자는 법을 인정하고 그것과 동일시하며 그에 따라 스스로를 수정/억제/적응한다. 신경증자는 억압을 방어로 사용하고 자아 이상의 자기애에 고착된다. 신경증자는 좋은 남자아이/여자아이가 되는 것, 그리고 자아이상과 사회의 규범적 가치들에게 사랑스러운 것이 됨으로써 완벽해지고 변함없기를 열망한다.

양극성 장애의 의학적 역사

여기서 제기할 수 있는 좋은 질문은, 양극성 장애를 위에서 개략적으로 설명한 미로의 어디쯤에 위치시켜야 하는가이다. 또 다른 시간 여행을 떠나 양극성 장애의 의학적 역사를 살펴볼 것을 제안한다. 그 질병에 대한 가장 최초의 기술은 기원 후 30-150년으로 거슬러 올라가게 된다. 당시 그리스 의철학자 아레테우스는 '흑담즙'의 장애에서 기인하는 조울증이라는 통일된 개념에 관련된 책들을 썼다.

이후 그 질병은 모든 정신 질환을 정신이상으로 기술하는 전통에서 사라진 것처럼 보였지만, 19세기 중엽 필립 피넬의 『정신이상에 대한 논문』[6]과 존 하슬람의 『광기와 멜랑꼴리에 대한 논평』[7]이 출간되면서 양극성 장애라는 개념이 다시 서양 의학에 도입되었다. 1854년 1월 31일, 쥘 바예가는 조증과 우울증 사이를 반복적으로 오가는 이상성biphasic 정신질환에 대해 프랑스제국의 학원French Imperial Academy of Medicine에 서술했는데, 2주 뒤에는 장 피에르 팔레가 이를 '순환성 정신이상folie circulaire'이라고 규정했다.[8] 에밀 크레펠린 또한 양극성 장애의 상세한 임상적인 기술을 제시하였다: "조-울 정신이상은(이 장에서 기술할 것처럼)... 한편으로는 소위 주기적이고 순환성인 정신이상의 차원 전체를 포함하고, 다른 한편으로는 단순 조증, (그리고) 멜랑콜리아라고 불리는 병적인 상태의 대부분을 포함한다."[9]

DSM의 측면에서 진단에 대해 생각해 보면, '양극성 장애'라는 용어가 '조울증'이라는 용어를 대신하게 된 것은 DSM-III에서다. 맨 처음 소아 양극성 장애를 언급한 것도 DSM-III이다. DSM-III-R은 이 질병을 양극성 장애-혼재성, 양극성 장애-조증, 양극성 장애-우울, 양극성 장애-달리 분류되지 않은, 그리고 기분순환증Cyclothymia과 같은 아형으로 세분하여 분류하였다. DSM-IV와 DSM-IV-TR에서는 그 질환을 조증의 형태로 구분하여 양극성 장애 I형과 양극성 장애 II형으로 나누기로 하였다. 적어도 한 번의 조증 삽화와 한 번의 우울 삽화를 겪은 환자들은 양극성 장애 I형으로 진단되고, 적어도 한 번의 경조증 삽화와 적어도 한 번의 주요우울증 삽화를 경험한 경우에는 양극성 장애 II형으로 진단된다. DSM-5에서 볼 수 있는 주요 변화는 기분 변화에 부가하여 에너지 증가라는 기준을 더한 것인데, 이는 그 진단기준을 엄격하게 하려는 시도로 볼 수 있다. 또한 '달리 분류되지 않는not otherwise specified 양극성 장애'는 '다른 곳에 분류되지 않은not elsewhere classified 양극성 장애'로 대체되어, 양극성 장애의 변이들 중 역치 아래의 것들이 더 잘 규정되게 되었다. 동시에 위원회는 조증증상과 우울증상의 매우 광범위한 스펙트럼을 가진 '혼재된 상태mixed state'라는 흥미로운 조합도 만들어 내었다.

간단히 요약하면, 우리는 단일 질환으로서의 단순한 '조울증'에서 출발하여 다양한 하위그룹과 부가적 수식을 가진 많은 다양한 질환들에 이르게 되었다. 여전히 의문은 남는다. '더 많다'는 것이 더 나은, 그리고 더 정확한 진단을 의미하는가, 아니면 더 많은 혼란을 의미하는가? 이 질문은 중요한데, 진단이 치료와 연구에 엄청난 영향을 미치기 때문이다.

조울증에 대한 정신분석적 이해

정신분석운동의 초창기에 칼 아브라함은, 조증에서는 콤플렉스들이 억제를 극복하여 환자가 걱정 근심할 것 없는 유년시절로 돌아간다고 하였다.[10]

프로이트는 조증을 우울증의 역전으로, 그리고 축제에서 사회적으로 용인된 집단 의례의 정신병리적 대응물로 보았다. 많은 문화권에서는 장례식 역시 의례를 위한 시간으로 간주된다.[11] 따라서 개인의 병리적 기능으로 나타나는 것이, 상반되는 감정(예를 들어, 슬픔과 기쁨)이 포함된 규범적 의례행위에서 분리된 파생물이 될 수 있는 것이다.

따라서 개인의 병리적 기능으로 나타나는 것이 다른 문화권에서는 규범적인 것일 수 있고 정상적인 집단 심리와 행동에 상응하는 것일 수 있는 것이다.

프로이트는 우울증과 조증을 자아와 초자아 간의 관계들로 구분한다. 우울증에서는 초자아가 자아에 대해 까다롭고 잔혹한(가학적인) 주인인 반면, 조증에서는 자아가 초자아에게 승리한 후 초자아의 주검 위에서 승리의 춤을 춘다. 그것은 초자아의 억제로부터 자기애적 자아를 해방시키고 자아가 전능한 유아적 형태를 재개시할 수 있도록 하는 초자아에 대한 승리이다.

프로이트에게는, 조증은 원초적 아버지를 죽이고 먹어치우는 원초적 '조증 상태의' 야만적 행위에 대한 부정denial과 관련되어 있다. 반면, 아브라함은 조증환자의 살인과 관련된 환상이 주로 어머니를 향한다고 믿었다.

'조증 방어'라는 용어는 우울 불안과 편집증적 불안으로부터 자아를 보호하는 것을 목표로 하는 일련의 정신적 메커니즘을 설명하기 위해 멜라니 클라인이 처음 사용하였다.[12] 조증방어의 세 가지 구성요소는 전능함, 부정 그리고 이상화이다. 전능함은 대상들을 조절하기 위해 사용되지만, 대상을 주체(혹은 대상관계이론가들이 타자에 대한 진실 된 관심이라 부르는 것)로 인식하지는 않는다. 타자는 환상의 상상적 대상인데, 이는 아이가 어머니의 상상적 남근으로 기능하면서 어머니를 완전하게 하고 그녀의 존재 결여를 막는 어머니-아이 결합체의 전능함과 유사하다. 이런 상태에서는, 주체를 상징적으로 거세시키고 주체를 인간답게 만드는 아버지-의-이름의 기능은 작동하지 않는다. 적어도 표면적으로는 그러하다. 이에 따르면, 정신분석적으로 말하자면, 급성 조증을 적어도 정신병적 증상에 위치시키지만 반드시 정신증 구조로 위치시키지는 않는 것으로 보인다. 왜냐하면 그 증상은 삽화적이고, 기분조절제를 복용하지 않아도 저절로 완화될 수 있기 때문이다.

상호주체적 타자에 대한 관심은 대상으로서가 아닌 주체로서 존재하는 타자에 근거한다. 주체로서의 타자는 환상의 대상으로서의 타자와는 구별된다. 주체로서의 타자는 아버지의 상징적 기능 혹은 부성 은유(아버지-의-이름/어머니의 욕망) 없이는 존재할 수 없다. 클라인이 좋은 젖가슴과 나쁜 젖가슴과의 관계에서 이론화했던 우울증적 위치(비록 의존적 형태 혹은 애착에 기반을 둔 형태의 우울증으로 간주되지만)나 초기 모성 초자아는 상징적인 남근 기능과 별개로 생각할 수 없다. 젖가슴과 남근의 상징적 차원들이 정신적/주체적 기능을 구조화하는 것은 대상 a와 남근 간의 관계에 대한 라깡의 공식(a/-phi = 대상 a는 상상적 남근의 결여나 틈을 막는다)으로 제대로 이해할 수 있다. 아이가 어머니 혹은 좋은 젖가슴을 다치게 했을지도 모른다는 환상화된 공포는 주체됨을 인식하지 않고는 나타날 수 없다. 주체됨의 인식은 거울 이미지와 단항적 표지unary trace들로서의 주체의 이름이 확립되기 전에는 발생하지 않는다. 어머니가 자기 자신과 자신의 젖가슴을 아이에게 주기 위해서 그리고 아이가 거울 이미지를 가지기 위해서는, 어머니는 상징적 거세의 기능에 근거한 것으로서의 대상 a를 넘겨주어야 한다.

위에서 언급한 것처럼, 라깡의 관점에서 우울증은 현실의 대상/가족 구성원의 우연한 상실에 의해 야기될 뿐만 아니라 정상 발달에서 부분 대상의 상실이 '결여'되었을 때도 야기된다. 두 경우 모두에서 그 상실들은 애도되지 않는다. 하지만 두 번째 경우는 부분대상이 애도되지 않은 것은 상실이 발생하고 이후에 부정되었기 때문이 '아니라' 필수적인 구조적 상실이 애초에 발생한 적이 없기 때문이다.[13][14]

정신분석이론에 따라, 아이는 '정상' 발달에서 상실해야 한다.

즉 이유기와 구강기에는 젖가슴을, 항문기와 괄약근의 조절력을 획득하는 시기에는 똥을, 성기기에는 남근을 상실해야 한다. 이는 부분 대상의 우연한 상실이 아니다. 오히려 이 상실들은 인간 주체성의 발달에 필수적이다. 정신의학은 애도를 병리화하면서, 사람들이 애도하고 싶지 않다거나 애도해서는 안 된다고 느낄 수 있다고 감히 말하지만, 만약 애도하지 않는다면 그로 인해 역설적으로 우울증에 취약해질 수 있다. 이는 그들이 현실의 대상을 상실한 것을 애도하지 않았기 때문이 아니라 정상 발달에서 발생한 필수적인 상실들을 애도하지 않았기 때문에 일어난다. 애도의 병리화는, 모든 사람들이 행복할 것이라고 기대되는, 그러나 결여와 애도의 긍정적이고 구성적인 기능을 위한 자리가 없는, 후기 자본주의의 소비 사회와 잘 들어맞는 것이다.

조울증의 정신분석적 치료와 관련하여, 치료에 대한 저항은 표면적인 증상보다는 구조로부터 이해되어야 한다. 조증 증상은 통찰을 위한 환자의 능력이나 자신의 증상에 대해 무언가를 알고 싶은 욕망, 혹은 그것에 대해 책임을 지려는 욕망, 아니면 그 증상과의 관계를 바꾸려는 욕망을 일시적으로 저해할 수 있다. 하지만 일단 그 증상이 진정되면, 향후 재발과 치료 접근성에 관한 문제는 증상이 발생하는 구조에 의해 결정된다.

엄밀한 의미의 조울증에 대한 라깡적 이해에 관련해서는, 다음의 관찰들이 가능하다. 무엇보다도, 우리 견해로는, 라깡이 조울증에 대해서 프로이트처럼 많이 언급하지 않았다는 사실은 매우 중요한 고려사항에 따른 것이었다. 라깡에게 가장 중요한 질문은, 환자의 양극성 장애가 신경증, 도착증, 정신증적 구조 중 어디에서 생겨나느냐 하는 것이었다. 우리는 여기에 경계선을 추가하길 제안한다. 조증은 모든 구조에서 나타날 수 있는 하나의 증상일 뿐이다.

만약 양극성 장애가 신경증적 구조에서 생겨나는 것이라면, 양극성 장애를 가진 사람은 약물 복용을 하든 하지 않든 삽화들 사이에 안정적일 수 있지만, 이는 항상 정신병적인 정신증적 구조에서는 불가능하다. 더욱이, 신경증적 구조를 가진 양극성 장애에서, 정신병적인 특징들은 삽화기간 동안 정동의 강도에 의해 나타나지만, 양극성 장애 환자의 기분 변동은 정상 신경증(대부분의 사람들은 신경증자이다)에서의 기분 변동과 연속성을 가진 것처럼 보이고, 심지어 양극성 장애 II형에서의 기분기복과 흔히 구별하기 어려운 경계선 성격에서 관찰되는 기분 변동과도 연속성을 가진 것처럼 보인다.

성공과 실패 그리고 경쟁의 문제는 현대 자본주의 사회에서 특히 중대한 문제이자 가치이다. 사실 성공(혹은 실패)으로 이어지는 목표와 목적을 긍정적인 혹은 부정적인 자존감으로부터 분리시키기는 어렵다. 어떤 것의 좋고 나쁨, 성공 혹은 실패, 사랑스럽거나 그렇지 않거나, 그리고 감정이 좋거나 나쁘거나, 기분이 뜨거나 가라앉거나, 유쾌하거나 불쾌하거나 등은 서로 밀접하게 결속되어 있다.

부가하여, 라깡 이전의 정신분석이론은 클라인이 우울증에 대한 조증방어라고 일컬은 것과 관련된 일관된 주제를 가지고 있었다. 하지만 임상에서는 그와 동일한 메커니즘이나 임상양상이 항상 관찰되지는 않는다. 각각의 양극성 환자들은 서로 다르며, 서로 다른 이유들로 인해 자신들의 조증 증상에 관여하게 된다. 어떤 환자들은 순수하게 생물학적이고, 다른 환자들은 조증처럼 보이는 방식으로 자신들의 과대성을 내보이는 심각하게 자기애적인 주체들이지만, 또 다른 환자들은 과대성과 고양을 통해 자신들의 정신병을 표현하는 정신증자들이다("나는 신이다").

임상 사례

앞서 설명한 개념들을 명확히 하기 위해 다른 사례를 살펴보자. 양극성 장애로 명확하게 진단받은 적이 있는 31세 백인 남자의 임상 사례이다. 초기 면담에서 그는 10대 시절에 발병한 자신의 첫 조증 삽화가 일주일간 이어졌고, 이로 인해 수개월간 입원치료를 받게 되었다고 보고했다. 최근의 조증 삽화는 정신치료를 시작하기 몇 해 전에 있었고 그때도 분명 수개월 동안 지속되었다. 당시 그는 행복감을 느꼈고, 수면 욕구가 감소하였으며, 사고 질주racing thoughts와 어느 정도의 망상적 사고도 경험하였다. 또한 자주 싸움을 일으켰고 많은 돈을 써 버렸다. 그는 약 복용을 중단하였고 사고 질주를 조절하기 위해 술을 마셨다.

그는 2주에 한 번 정신치료를 받기 시작하였다. 투약은 계속해서 거부하면서, 대신 하루 세 시간의 운동으로 조증을 조절하기로 결심했다. 그는 일주일에 두 번 정도 만나고 있던 여자 친구에게 많은 지지를 받았다고 하였다. 치료 시작 후 얼마 지나지 않았을 때 그는 어딘가에 맞은 후 깨어났고 이후 그에게 정신과적 응급상황이 생겼다. 두개골 골절이 발견되어 이마에 인공판을 삽입하였는데, 이 수술로 한동안 까까머리로 있어야 했고 꿰맨 자국이 머리를 가로질러 남게 되었다. 그는 자신이 바에서 술에 취했었고, 바깥에 서있던 기도bouncer와 다툼을 벌였다는 정도밖에 기억하지 못했다.

아주 똑똑한 철학과 학생이었던 그는 모든 과정을 끝마쳤음에도 학위를 따지 못하였고, 체육관에서 일을 하면서 주말에는 요리사로 일했다. 그의 개인사는 심각한 기분 변화와 불안정한 관계, 그리고 학교와 직장에서 저조한 성과 등으로 가득 채워졌다.

또한 그는 심각한 스트레스 상황에서 벽과 바닥이 움직이고 건물들이 구부러지는 느낌 같은 기이한 지각경험을 하였다. 닫힌 장소에서는 벽에 구멍이 있다고 생각했으며 자기 아래에 13개의 층이 있다고 생각했다. 그는 또한 유체이탈을 경험하였는데, 지각이 몸을 떠나 마치 자신이 방안에 있는 가구처럼 느껴졌다. 조증상태일 때 그에게는 행복감, 과대성(자신이 신이라고 생각했다), 언어압박pressured speech, 수면 부족 등이 있었다고 하였다.

치료 시작 시기에 환자는 약을 복용하고 싶지 않았을 뿐만 아니라 자신의 증상이 만들어 낸 고통을 즐긴다고 말함으로써 치료적 노력 전체에 의문을 던졌다. 그는 건강이 질병보다 낫다고 주장하는 가치관은 자신이 가담하고 싶지 않은 부패한 사회체계의 징후라고 설명했다. 따라서 그가 도대체 왜 치료를 받으러 오는지, 그가 무엇을 원하는지, 그가 무엇을 찾고 있는지에 대해 질문이 제기되었다. 비록 그는 이러한 질문에 전혀 대답하지 못했지만, 정신치료자는 건강 및 이상적인 웰-빙에 대한 그의 거부에 동의하면서 이렇게 말했다. "당신은 또한 바닥이 움직이거나 벽이 물결쳐도 별로 신경 쓰지 않는군요." 그때, 그 환자에게 그 증상이 나타나기 시작했고 매우 불편해했다. 정신치료자는 환자가 앞서 이야기한 것을 지지하며 다음과 같이 말했는데, 이는 그의 경험을 정상화하는 반응이었다. "물건들이 가만히 있을 수도 있지만 때로는 사람들처럼 움직일 수도 있지요." 그 후 환자의 증상은 잠시 전에 빠르게 나타났던 것처럼 빠르게 사라졌다. 환자의 정신 상태에 분명 즉각적인 도움이 되었다는 점으로 볼 때 이러한 개입으로 치료적 관계는 강화되었다. 환자는 증상에 의해 만들어진 고통을 방어하거나 치료의 가치에 의문을 제기하는 자리로 다시는 돌아가지 않았다.

어릴 적 환자의 아버지는 자살했다. 그의 어머니는 아버지가 권총으로 자살했을 당시 그를 떠날 작정이었다. 환자는 문맹이었던 아버지를 실패한 인생으로 보았고 그와 결코 가까이 지내지 않았다. 어머니에게 아버지의 자살은 안도감을 주었다. 어머니는 재혼했지만, 환자는 20년 동안 그의 계부와 절대 가까워지지 않았다. 그는 어머니가 아버지의 죽음에 책임이 있다고 보았고, 어머니가 본인 연애사의 세부사항을 그에게 '너무 많이 공개'한다는 이유로 비난했다. 환자는 어머니를 좋은 보호자로 묘사했지만, 그 무엇보다 화나 있고 그리 다정하지 않은 "문지기 gatekeeper"로 묘사하기도 했다.

최초 진단: (DSM-IV)
1축 : 정신병적 증상을 가진 양극성 장애 I형, 최근 우울 삽화
    알코올 남용
    광장공포증이 없는 공황장애
2축 : 경계선 인격장애
3축 : 다발성 두부 손상
4축 : 사회적 환경과 경제적 문제와 관련된 문제
5축 : GAF 50점

DSM-5 진단체계에는 다축 진단이 없고 GAF 점수도 없다. 그리고 광장공포증과 공황장애는 이제 독립된 진단명이 되었다. 하지만 여기서 가장 흥미로운 부분은 양극성 장애의 진단인데, 이는 그대로 남아 있다. 아마도 이 사례는 '불안증 세부진단'을 추가해야 할 사례일지도 모른다. 이러한 세부진단은 분명, DSM-5 가이드라인을 따라, 양극성 장애 진단기준의 일부가 아닌 불안증상을 가진 환자들을 식별하기 위해 마련된 것이다. 그 진단을 좁히려는 노력과는 무관하게, 여전히 고려할 부분은 많다.

이 환자가 처음에 기분이 더 나빠진다는 이유로, 그리고 약을 복용할 때는 생각을 할 수 없었고 그 약이 자신의 모든 의욕을 빼앗아 가 버린다는 등의 이유로 약물 복용을 거부하고 있었다는 점을 강조하고 싶다. 정신치료자는 자기와 비-자기 간의 연속체가 정상적이라는 것을 그가 이해할 수 있도록 도왔지만, 그의 경우에는 그것들 사이를 구별하는 능력이 상실되어 있었다. 치료자는 이러한 발달적 성취를 어머니와의 관계의 산물인 신체 이미지와 이상적 자아에 연결시켰다. 환자가 그 개입에 반응했다는 점이 흥미롭다. 그의 성격을 다루는 것이 그의 양극성 장애 증상을 도운 것처럼 보였다. 그는 또한 자신의 욕망의 문제를 논의할 수 있었다. 간헐적인 정신병과 유사한 증상을 보고함에도 불구하고, 치료시간 중에 그는 어떠한 언어 장애나 연상 이완도 보이지 않았다. 그는 은유를 잘 사용할 수 있었고, 그의 꿈에 결부시킬 수 있었으며, 자신의 망상에 일부 병식을 가질 수 있었다. 위 사항을 종합하여, 환자는 정신병적 증상과 기분 변동 그리고 알코올 남용이 있는 신경증적 구조로 진단되었다.

환자는 치료자의 도움으로 조증이 우울증에 대한 방어라는 것을 받아들일 수 있었다. 또한 애도와 우울증 간의 차이에 대해 그리고 아버지가 돌아가셨던 10대 시절에 그에게는 아무런 느낌이 없었다는 사실을 여기서 인식하게 되었다. 그런 뒤 수년 후 우울해졌었다는 것이 생각해냈는데, 그 후에 첫 번째 조증 삽화가 나타났다. 치료기간 동안 환자는 법의 부인을 일종의 방어로 사용했다. 그는 일을 시작해 볼까 하는 생각과 노숙생활을 하면서 도서관에서 공부나 하면서 시간을 보내면 어떨까 하는 생각 사이에서 고심했다. 안정을 찾고자 하는 욕망은 무엇보다 여자 친구의 욕망이고, 그는 그것을 따르는 것과 그것에 반항하는 것 사이를 계속 오간다.

사례 논의

프리다 프롬-라이히만은 대인관계를 연구하고 조울증 환자를 치료하면서, 조울증을 겪고 있는 환자의 가족들의 특징처럼 보이는 유의미한 부모-아이 상호관계를 많이 관찰했다.[15] 그들은 어린 시절 심각한 환경적 상실을 입었는데, 이는 주요우울증 환자들의 과거력에서 볼 수 있는 것과 일관된 것이다. 하지만 왜 일부 환자들에선 상실을 겪어도 주요우울증이 생기지 않는지, 혹은 주요우울증이 생겨도 조증 삽화/방어가 생기지 않는지는 여전히 명확하지 않다.

만약 프로이트의 상보적인 일련의 이론을 따른다면, 환경적 외상 요인만으로는 증상을 만들어 내거나 그 문제에 대한 구조를 만들어 내는 데 충분하지 않다. 오이디푸스적 구조는, 문제가 되는 가족력/서사보다 더 중요하지는 않을지라도, 중요한 것이다. 게다가 두 계열은 다양한 방식으로 상호작용한다.

예를 들어, 이 환자는 아버지의 가족 내 기능 실패로 인해 오이디푸스적 어머니 상실을 애도하지 못했을 것인데, 아버지는 너무 약해서 어머니-아이 이자관계에 유의미한 영향을 미치지 못했다. 아버지는 부양자로서도 그리고 가족 내에서도 제대로 기능하지 못했을 뿐만 아니라 부양자로서의 그의 실패는 지역사회 내에서 그 가족의 위상과 고립에도 영향을 미쳤을 것인데, 이는 프롬-라이히만이 연구한 환자들의 가족과도 일치하는 부분이다.

따라서 질문은 다음과 같다. 왜 조증 경향을 추가적으로 띠게 되었는가? 이 환자는 어머니의 '왕자'로서 당연히 가족 내에서 '큰' 역할을 맡게 되었을 것이고 심지어는 그의 아버지를 대신하기까지 했을 것이며, 특히 아버지가 죽었을 때는 더욱 그러했을 것이다. 어머니는 아버지와의 문제 상황을 바로잡기 위해 아들에게 도움을 바랐을 수도 있다. 또한 환자는 아버지의 자살을 개인적인 승리로 경험했을 수 있는데, 이는 프로이트가 적/아버지의 주검 위에서 추는 승리의 춤에 대해 묘사한 방식과 유사하다. 또한 환자가 가진 직업관의 문제는 아버지에게 똑같이 있던 문제와의 동일시로 볼 수 있을 것이고, 아버지로 대표되며 아들이 도전하는 권위 있는 인물의 나쁜 사례가 연장된 것으로도 볼 수 있을 것이다. 환자는 아버지의 자살을 통해 현실에 의문을 품게 되었고 사람들을 믿지 못하게 되었다고 말했다.

결론

라깡의 위상학은 진단과정을 개선하는 과정에 많은 것을 제공해 줄 수 있다. 라깡이 사람들의 구조를 정신증, 도착증, 신경증으로 나눈 것은 질병분류학의 측면에 흥미로운 관점을 가져다 준다. 이들 세 진단범주 간에 명확하게 규정된 차이는 표면적인 수준에서뿐만 아니라 무의식에, 오이디푸스 구조와 가족 구조에, 주체가 언어에 관계되는 방식에, 그리고 아마도 가장 중요하게는 그것들의 사회적 연대의 본질에도 있다.

그러한 분류가 임상과 기초 연구에서 관찰되는 것에 더 밀접해 보인다. 이 논문에서는 환자의 정신적 구조에 근거해 진단하는 것, 겉으로 드러난 증상들을 기술하는 것, 그리고 어떤 역할을 할 수 있는 유전적이고 환경적인 인자들을 거론하기를 제안한다. 이러한 접근법은 더 개별화되고 특정한 주체들에 더욱 충실할 수 있는 전망을 유지해 줄 것이다. 또한 그것은 치료적 개입을 더 좋게 그리고 더 효과적으로 재단하는 데 도움을 줄 수 있다. 가장 중요하게는, 더 나은 예후와 더 나은 향후 치료계획을 가능하게 할 것이다.

번역: 김규호

Translated by Gyu-Ho Kim

Notes

1   American Psychiatric Association, *Diagnostic and Statistical Manual of Mental Disorders, Fifth ed.* Arlington, VA: American Psychiatric Publishing, 2013.

2   Dichter G.S., Damiano C.A., Allen J.A., *Reward circuitry dysfunction in psychiatric and neurodevelopmental disorders and genetic syndromes: animal models and clinical findings.* J. Neurodev. Disord. 4, 19, 2012.

3   Craddock N., Owen M.J., *The Kraepelinian dichotomy – going, going··· but still not gone.* Br J Psychiatry, 196, 2010, pp.92–95.

4   http://thenewinquiry.com/essays/book-of-lamentations/

5   http://www.nature.com/news/mental-health-on-the-spectrum-1.12842

6   Pinel P., *A Treatise On Insanity (1806).* Trans. from French by D. D. Davis, New York: Published under the Auspices of the Library of the New York Academy of Medicine by Hafner Publishing Co., 1962.

7   Haslam J., *Observations on Madness and Melancholy.* London: J. Callow, Medical Bookseller, 1809.

8   Haustgen T., Akiskal H., "French antecedents of 'contemporary' concepts in the American Psychiatric Association's classification of bipolar (mood) disorders. J Affect Disord, 96, 2006, pp.149-163.

9   Kraepelin E., *Manic-depressive insanity and paranoia (1921).* E. & S. Edinburgh: Livingstone.

10 Abraham K., *Notes on the psycho-analytical investigation and treatment of manic-depressive insanity and allied conditions (1911).* In Selected Papers on Psychoanalysis, London: Maresfield Library, 1988.

11 Freud S., *Mourning and Melancholia (1917).* Standard Edition 14, pp.239-258.

12 Klein M., *A contribution to the psychogenesis of manic-depressive sates (1935).* In Money-Kyrle R (ed.), The Writings of Melanie Klein, Vol. 1, New York: The Free Press, 1984, pp.262-289

13 Hassoun J., *The Cruelty of Depression: On Melancholy.* Boston: Addison Wesley, 1997.

14 Moncayo R., *Evolving Lacanian Perspectives for Clinical Psychoanalysis.* London: Karnac, 2008.

15 Fromm-Reichmann F., *An intensive study of twelve cases of manic-depressive psychosis.* Psychiatry, 17(2), 1954, pp.103-137.

왜 우울증에 반대하는가?
-『우울증에 반대한다』와 『만들어진 우울증』에 대한 서평
Why Against Depression? A Review on *Against Depression* and *Shyness: How Normal Behavior Became a Sickness*

김규호 Gyu-Ho Kim*

'우울증은 질병인가? 만약 그렇다면 천연두처럼 이 세상에서 근절하여 다시는 누구도 우울증에 걸리지 않게 만들기를 원하는가?'라는 질문을 받는다면, 우리는 분명 망설이게 될 것이다. 이러한 망설임의 뿌리에는 우울증이 가진 '매혹'이라는 낭만성의 문제와 함께, 우울하다는 것을 개인이나 사회에 대한 비판적 태도의 일환으로 여기는 경향이 자리 잡고 있다.

피터 D. 크레이머는 『우울증에 반대한다Against depression』(2006)에서 이에 대해 논의한다. 저자는 자신을 집요하게 따라다니던, '만약 고흐의 시대에 프로작이 있었다면 어땠을까?'라는 질문의 이면에는 예술적 재능을 우울증 혹은 멜랑콜리아와 동일시하는 경향과 함께 우울증의 치료가 한 사람이 가진 예술성을 지워 버릴지도 모른다는 비관적 예측이 포함되어 있다고 보고 있다. 이

* 정신과 전문의, 김규호정신건강의학과의원장, 고신의대 및 동아의대 정신건강의학교실 외래강사, 라깡과 임상 연구센터 연구원

는 소위 고결한 멜랑콜리heroic melancholy의 전통이라 불리는 것으로, 검은 담즙이 과하면 광기에 이르지만 그 양이 적당하면 여러 가지 면에서 다른 사람들보다 우월해진다는 믿음에서 출발한다. 이러한 믿음이 시간이 지남에 따라 점점 더 정교해지면서 인간본성을 이해하는 데 중요한 요소로 자리 잡게 된 것이다. 실제로 과거뿐만 아니라 현재에도 멜랑콜리아를 심층에 대한 인식과 통찰을 부여해주는 신성한 재능으로 여기는 경향이 있다는 점에 저자는 주목하고 있다.

하지만 과연 우울증을 예술적 재능의 표지로 볼 수 있을까? 임상에서 볼 수 있는 우울 증상을 보이는 이들은 내면으로의 침잠을 통해, 그 정도에 따라 다르긴 하지만, 일반적으로 다다를 수 없는 생각의 영역에 접근할 수 있어서 일련의 과정을 통해 탄생한 그들의 작품은 예리한 인식의 산물이거나 창조성 내지 예술성의 발현으로 비춰질 수 있다. 마찬가지로 정신병적 증상을 가진 이들의 말은 쉽사리 이해하기 어려우며 표현 방식 또한 기존의 틀을 벗어나 있는 경우가 흔하기 때문에, 그들의 작품 역시 일견 예술성이 있는 창조적인 것처럼 보인다. 가령 『어느 신경질 환자의 회고록Memoirs of my nervous illness』(1903)에서 슈레버가 보여 준 문장들은, 물론 그것이 일상의 문법으로는 해석이 어려울 정도로 지리멸렬하긴 해도 놀라우리만큼 창조적이며 수많은 은유로 가득 차 있다.

이러한 관점에서만 본다면 예술성과 창조성은 우울증 등의 정신질환의 부산물에 지나지 않게 되는데, 성적인 본능이 승화의 과정을 거쳐 '예술적 창조'나 '지적인 추구'로 나타난다는 프로이트의 주장을 고려한다면 이를 단순히 우울증의 결과물로만 간주할 수는 없고 우울증과 양립할 수 있는 것으로 볼 수 있겠다. 또한 라깡이 제안한 개념인 '병증sinthome'은 정신적 삶에 안정성을 만들어 내도록 주이상스를 다루는 방식을 말하는데, 이러한 병증이 아일랜드 작가 제임스 조이스의 경우에선 문학적 재능으로 나타났다는 점을 상기해 볼 필요가 있다. 이런 이유로, 예술성이나 창조성을 한 사람의 정동 혹은 정신병리와 직접적으로 연결 짓는 것은 그리 간단한 일이 아니다.

그렇다면 우울증에 왜 이러한 특권을 부여하는 것일까. 크레이머는 우울증이라는 상태에 대해 우리가 양가감정을 가지고 있기 때문이라고 설명한다. 다시 말해 결핵이나 관절염과는 달리 우울증에서 나타나는 증상의 상당부분은 미덕으로 해석될 여지가 있기 때문에 그 치료에도 양가감정을 가지게 된다는 것이다. 예를 들어, 우울증의 일반적인 증상이라 여겨지는 강박적 사고와 자기 비하, 무력감, 자살 생각 등은 보는 이에 따라서는 꼼꼼한 생활 습관, 겸손한 태도, 절제미 그리고 철학적 사색 같은 매력적인 행동 및 사고 양식으로 비춰질 수도 있는 것이다.

이와 유사하게 우울증은 특정 상황, 특히 상실과 역경 앞에서 자연스러운 것이라는 인식이 팽배해 있다는 점도 들 수 있다. 실제 임상에서 만나게 되는 많은 이들은 자신의 우울함과 외로움, 비관적 태도가 그들의 나이나 처한 상황에 마침맞은 것이라 여기고 있고, 그러한 상황에서 경험하는 우울감은 상실 이후에 나타나는 정상적인 애도반응처럼 '사람됨'을 증명하는 좋은 지표라고 인식하고 있다. 이는 사람이라면 어느 정도는 우울해야 한다는 항변처럼 들린다. 정말 그럴지도 모르겠으나 정도의 문제는 남아 있다.

그렇다면 우울증은 왜, 크레이머의 주장처럼, 예술에 영감을 주는 창조성의 원천이거나 특정 상황에서의 자연스러운 반응 내지는 삶에 신중함을 더해 주는 특성이 아니라 치료를 요하는 '질병'이 되어버렸을까. 『만들어진 우울증Shyness : How normal behavior became a sickness』(2009)의 저자 크리스토퍼 레인은, 사람이 가진 평범한 특징들이 정신장애로 변모해 가는 과정에는 일부 정신의학자들의 독선과 무지, 그리고 거대 제약회사의 개입이 큰 역할을 차지했음을 지적한다.

실제로 미국정신의학회에서 출간하는 『정신질환의 진단 및 통계 편람』(DSM)은 1952년 첫 출간 당시만 해도 정신질환을 정신역동적 관점에서 바라보면서 그것을 질병disease이 아닌 일종의 반응reaction으로 설명하였지만, 1980년에 출간된 DSM-III부터는 이전과 확연하게 달라진 시각으로 정신질환을 바라보기 시작하였다. 정신적 갈등이 일련의 복잡한 과정을 거쳐 각 사람에게 여러 다양한 반응으로 나타날 수 있다고 본 이전의 관점에서 벗어나, 일부 전문가들이 제시한 경험적 자료를 근거로 진단기준을 마련하여 환자에게 표면적으로 드러난 증상들을 중심으로 임의로 재단하기 시작한 것이다. 그러다보니 한 사람의 성격적 특징일지도 모를 모습들이 정신질환으로 바뀌어 치료의 대상이 되는 일이 벌어지고 있다.

레인은 그중에서도 특히 '부끄러움'이나 '수줍음'을 '사회불안장애'나 '회피성 인격장애'로 진단하는 것을 비판하면서, 이러한 추세가 오히려 대중적 불안을 유발하고 과잉치료를 유도할 수 있다고 경고하고 있다. DSM-IV 조직위원회를 총괄했던 앨런 프랜시스는 DSM-5[1]가 정상과의 경계가 명확하지 않은 질환들을 새로이 명명한 예를 들면서(폭식장애, 경도신경인지장애, 그리고 파탄성기분조절장애 등), 이렇듯 진단을 남용하는 것이 수백만 명의 정상적인 사람들에게 도움이 되지 않는 치료를 제공하고 불필요한 낙인을 찍게 될 위험이 크다고 경고하였다.[2] 일반적으로 DSM 진단체계는 정확성과 적합성을 보장받았다고 받아들여지기 때문에 이를 통한 진단은 신뢰할 만하다는 '환상'에 사로잡힐 수 있다는 지적도 있다.[3] 일반 대중들뿐만 아니라 전문가 집단 또한 이러한 환상을 공유하고 있는 것이 사실이기에, DSM 진단체계를 당연시하기보다는 면밀히 검토하고 논의해 나갈 필요가 있다.

　앞서 지적한 진단체계의 변화로 인해 질병의 개수는 점점 증가하고 있다. 100개 남짓한 '반응'으로 인간의 행동과 증상을 설명해냈던 1950년대와는 달리, 우리의 증상을 설명하기 위해 이제는 300개가 넘는 '질병'이 필요하게 되었고 그 필요는 점점 증가하고 있다. 그도 그럴 것이 정신적 갈등이 각 주체에게 다양한 모양새를 띨 수 있고 한 주체에게서조차 시기에 따라 다른 양상으로 나타날 수 있음을 고려하지 않은 채 각각의 증상을 설명해내기 위해선 더 많은 이름들에 기댈 수밖에 없는 것이다. 이는 모든 증상 하나하나를 어떤 질병의 발현으로 설명해 내려는 강박적인 시도로 보인다. 기존의 언어로는 쉽사리 설명되지 않는 증상을 마주하면서 야기되는 불안을 어떻게든 잠재울 필요가 있었고, 불안할 때마다 만들어 낸 '진정제'의 수가 이제는 300개가 넘어가고 있다. 각 증상들을 시간적 인과성과 형태의 유사성으로 다시 분류하여 거기에 이름을 붙이려는 노력은 인간 주체에 대한 이해와는 거리가 멀며 오히려 우리를 잠재우고 있다. 주체적 경험과의 연결을 잃은 증상을 나열하려는 시도는 주체에 대해 알려 줄 수 있는 것이 없다는 점을 반드시 명심해야 한다. 하지만 안타깝게도 이러한 시도는 '우울'에 대해서도 현재 진행형이다.

우리는 살면서 조금씩의 차이는 있을지라도 우울함을 느낀다. 아마도 그것이 우울함인지도 모른 채 그와 유사한 상태들을 경험하고 있을 것이다. 하지만 앞서 지적한 진단체계의 변모에 따라 우울증의 진단 범주 또한 점점 다양하고 광범위해지면서 일상의 우울함이 우울증 진단에 가려 간과되고 있는 것이 요즘의 현실이다. 이러한 흐름은 일상에도 깊숙이 들어와 있어(기분이 조금만 좋지 않아도 '나, 우울증 있어'라고 말하곤 한다), 요즘에는 '우울증'으로 표현되지 않는 일상의 우울함이란 아예 없어 보이기까지 하다. 이러한 관점을 극단으로 밀고 나간다면, 우울하다는 것은 곧 우울증을 의미하기 때문에, 우리는 결코 우울해서는 안 된다고까지 말할 수 있겠다. 이제 더 이상 우리에게는 우울과 슬픔이 허락되지 않는 것일까. 그럼에도 불구하고 우리는 때때로 우울하다. 이렇듯 우울증으로 진단되지 않을 정도의 우울함, 즉 '우울증'의 스펙트럼에 속한다고 보기 어려운 우울함이 상존하고 있기 때문에 '우울증'과 '우울', 이 둘은 구분해서 생각해야만 한다.

프로이트는 「애도와 멜랑콜리아」(1915)에서 상실에 대한 정상적인 애도반응을 설명하면서 '멜랑콜리아'와 '우울'을 구분하였고, 라깡 또한 우울증이라 할 만한 상태에 대해서 그리 많은 언급을 하진 않았어도, 우울증이라는 개념이 가지는 우산 효과 umbrella concept에 대해서는 비판적 논조를 견지했다.[4] 라깡은 인간 정신의 구조를 크게 신경증, 도착증, 정신증으로 나누었는데 우울감에 대한 호소는 어느 특정 한 구조에서 특이하게 나타나는 것이 아니라 세 구조 모두에서 볼 수 있기에 각 주체의 우울함을 하나의 구조 개념으로 포괄하여 접근할 수 없다고 본 것이다.

이에 반해 DSM에서는 조금의 우울함도 용납하지 않으려는 듯 우울증의 종류를 늘려가며 그 역치를 낮춰 가고 있는 실정이다. 이러한 흐름에 따라 DSM-5에서는 이전까지 우울증의 진단에서 배제되어 있던 애도반응까지 그 정도에 따라 우울증으로 진단 가능하게 해 두었다. 어차피 가능하기 나름이니 '정도'의 문제는 그리 중요해 보이지 않는다. DSM 진단체계가 안티-프로이트주의로 나아가고 있다는 크레이머의 비판이 더욱 설득력을 얻어 가고 있다.

크레이머는 우울증이 신경전달물질의 이상뿐만 아니라 뇌구조의 이상과도 연관되었다는 사실이 1990년대 후반에 이르러 명백해졌고, 우울증을 설명하는 의미 있는 새 모델들이 행동 유전학, 신경해부학, 역학 등의 여러 학문 분야에서 제기되었다는 점을 '우울증'이라는 진단이 급부상하게 된 주원인으로 언급한다. 또한 프로작의 등장으로 약간의 긴장이나 불안, 염려, 수줍음 등에도 항우울제가 효과를 보이면서 약물의 적응증은 기하급수적으로 늘어났고 그에 따라 우울증의 스펙트럼도 확장되기 시작하였음을 지적한다. '우울증이 두뇌 이상에서 발생하거나 그런 이상을 일으킨다면', '우울증에 상당한 유전적 토대가 있다면', 그리고 그것이 '치료 가능하고 예방 가능하다면', 우울증이 질병의 범주로 완전히 들어갈 것이라고 본 것이다. 이러한 맥락에서 보면 우울은 고통 일반이나 인간 조건의 대리자가 아니라 우리의 부단한 노력으로 근절해야 할 질병의 범주로 들어가게 된다. 그리고 그것이 질병이라면 치료의 당위성에 대해선 첨언할 필요가 없어 보인다.

하지만 크레이머가 이러한 추세를 비판할 때 근거로 삼는 질병 모델은 각 연구를 통해 얻은 결과를 곧장 질병의 원인으로 간주해 버린 후 단순히 유사성에 기초해 하나의 표제아래 묶어 버리는 기존의 형태를 따른 것으로, 우울증을 비롯한 정신 질환을 유발하는 요인을 설명하기 위해 제안되어 여전히 유효한 생물심리사회 모델biopsychosocial model과는 부합되지 않는 면이 많다. 물론 새로이 제기된 질병 모델들과 그것을 뒷받침하는 과학적 근거들도 간과해서는 안 되지만 우울하다는 것을, 뇌의 특정 부위에 이상소견이 있다는 것을, 우울증과 관련된 유전자를 가지고 있다는 것을 곧장 '우울증'으로 진단하는 것이 그리 쉬운 문제는 아니다. '우울증'이 일상의 우울을 잠식해 가고 있는 요즘에도 '우울'과 '우울증'을 구분 지을 수 있는 지점은 그리 분명치 않아 보인다.

물론 우울과 우울증을 구분할 수 있다고 해서 이를 둘러싼 여러 문제들이 쉽게 해결되진 않는다. 사실 일상의 우울함이 과도하게 '우울증화', 즉 병리화되어 버린 이유는 우리 사회가 우울이나 의기소침, 수줍음 등에 대해 과민하게 반응하면서 쾌활함과 생산성 및 유연성 등에 대해 병적으로 집착했기 때문이다. 그로 인해 우울함이나 수줍음 등은 받아들이거나 견뎌 내야 할 성질의 것이 아니라 가능한 한 빨리 제거해야만 하는 약점이 되어 버렸다. 그리고 신경과학의 발달로 인해 이러한 특성들이 '뇌의 문제'일 뿐이라는 인식이 공고해졌고 정신약물학의 진보로 이러한 불편함을 빠른 시일 내에 일소할 수 있는 약물이 상용화되면서 이러한 흐름을 가속시켰다. 약물은 참기 어려운 개성으로부터의 화학적 해방을 제공하고 있고 우리는 마치 선택의 여지가 없는 것처럼 그것을 이용하고 있다.

인간은 쾌락을 추구하고 행복을 느끼길 원하지만 문명화된 세상에서 언어를 사용하며 다른 사람과 함께 살아가기에 쾌락이 삭감당하고 행복이 연기되는 것을 감내해야 한다. 우리는 스스로의 생물학적 욕구를 해소하기 위해 언어를 사용하는데 그것이 늘 충분치 않다는 의미에서 쾌락을 삭감당한다는 것이다. 바로 여기서 고통이 유래한다. 고통을 피하는 여러 방법 중 하나가 바로 화학적 물질을 사용하는 것인데, 이는 고통을 쉽게 잊어버릴 수 있게 하고 쾌락을 스스로에게 마음껏 주입할 수 있게 한다.

프로이트 또한 『문명과 그 불만』(1929)에서 "고통을 피하는 방법 가운데 가장 흥미로운 것은 우리 자신의 유기체에 영향을 주려고 애쓰는 것인데, 유기체에 영향을 미치는 방법 가운데 가장 조잡하지만 가장 효과적인 것은 화학적인 방법, 바로 중독"이라고 밝히고 있다. 쾌락을 향한 머나먼 여정에서 우리는 화학물질을 통해 지름길을 얻을 수 있지만, 여기에는 치러야 할 대가가 있다. 바로 중독이다. 사실 고통에 대한 주체적 해법들을 특유한 방식으로 찾아야 하는 책임은 바로 주체에게 있다.

이러한 고유의 해법들은 주체가 삶의 문제들과 직면함을 통해 발견해야 하지만 지금 우리 사회에 일어나고 있는 현상들은 그 반대이다. 우리 사회는 주체에게 점점 더 외부적 해법을 강요하고 있다. 심심한가? 그러면 즐겨라. 괴로운가? 그러면 마셔라. 답답한가? 그러면 떠나라. 심심하고 괴롭고 답답한 것은 인간 주체가 겪어야 하는 실존적 문제이며 그 해법은 주체 각각이 특유의 방식으로 만들어 내야 하나 이제는 그것에 대한 외부적 해법이 손만 뻗으면 닿을 거리에 만연해 있고 또한 강요되고 있다. 엄밀한 의미에서 그것은 인간 주체의 고통에 대한 해법이 아니다. 하지만 외부적 해법을 사용하라는 우리 사회의 강요가 계속되고 이러한 압박을 견뎌 내기가 힘들다면 과학적인 근거가 충분한 약물을 선택하는 것이 합리적 선택처럼 보이는 것이다.

우리는 '우울'하다. 이전에 비해 스스로를 즐겁게 할 상품과 도구를 충분히 가지고 있고 이것을 마음대로 사용할 수 있는 상황임에도 우리는 우울하다. 남들보다 더 즐겼다는 이유로 죄책감에 시달리던 시대를 지나 이제는 '즐겨라Jouir'란 초자아의 명령이 더 이상 무의식적이지 않은 시대에 살고 있지만 우리는 오히려 우울로 반응하고 있다. 프로이트가 제안한 대로 우리가 무언가를 상실하였고 그에 대한 애도반응으로 우울해하는 것이라면 우리가 잃어버린 것은 과연 무엇일까. 크레이머의 지적처럼 삶의 깊이가 점점 사라져 가고 행복이란 것이 상업화되어 과대포장될 뿐만 아니라 심지어 지루해져 버려, 우리는 우울증에 대해 뭐라 말하건 상관없이 멜랑꼴리라는 어떤 판본에 매달리고 싶어지는 것은 아닐까. 우울증을 하나의 질병으로 간주하고 그 치료를 위해 전력을 다하기 전에, 우리가 왜 우울한지에 대해, 그리고 이 우울함이 가지는 주체적 기능에 대한 충분한 숙고가 우선 필요해 보인다.

Notes

1 미국정신의학회는 DSM-IV까지는 판본의 순서를 로마 숫자로 표기하던 것을(DSM-I, II, III..) DSM-5부터는 아라비아 숫자를 사용하기로 하였다(DSM-5.1, DSM-5.2...). 이는 DSM-IV 출간 당시에 있었던 개정 요구를 DSM-IV-TR(개정판)로 수렴했던 것에 착안한 것으로, 향후 활발한 개정을 예고하는 것이다. 이는 DSM 체계 자체가 품고 있는 불완전함을 스스로 인정하는 모양새다.

2 Frances A., *Essentials of Psychiatric Diagnosis: Responding to the Challenge of DSM-5*. The Guilford Press, 2013.

3 Vanheule S., *Diagnosis and the DSM, A Critical Review.* Palgrave macmillan, 2014, p.21.

4 Vanheule S., *Neurotic Depressive Trouble: Between the Signifier and the Real,* Journal for Lacanian Studies, 2(1), 2004, pp.34-53.

아브젝시옹을 위한 미학
: 라스 폰 트리에의 우울 삼부작
Aesthetics for Abjection: Lars von Trier's Depression Trilogy

박시성 Si-Sung Park*

라스 폰 트리에의 우울 삼부작, 〈안티크라이스트Antichrist〉(2009),
〈멜랑콜리아Melancholia〉(2011) 그리고 〈님포매니악Nymphomaniac Vol. I
and II〉(2013)은 세계 주요 영화제에서 첫 소개될 때마다 논란과
비판의 중심에 선 영화들이다. 폰 트리에의 영화는 자주 비난과
격론에 휘말리곤 하였는데, 영화 밖에서도 인간적으로 괴팍한
면모로 인해 배우들과 불화를 만들거나, 역사를 향한 독설이 되
어 버린 끔찍한 농담으로 세계 영화인을 경악하게 만들기도 하
였다. 그런 폰 트리에가 우울증을 겪었다. 우울 삼부작은 감독
자신의 우울증 경험을 토대로 〈안티크라이스트〉의 각본을 쓰기
시작하면서 영화화되었다. 영화는 작가로서의 감독의 평판에
걸맞은, 독특하고 강력한 주제로 구성되어 있다. 세 영화는 세
여성의 우울 이야기를 중심으로 엮어져 있다. 상실로 인해 극심
한 고통을 겪는 애도에 실패한 여자, 타자적 행복을 거부한 채

* 정신과 전문의, 정신분석가, 고신의대 정신건강의학교실 및 인문사회의학교실
교수, 라깡과 임상 연구센터장. 멜버른 라깡 서클 회원

스스로 멜랑콜리아 주체가 되는 여자, 그리고 억압의 우울에서 탈출하며 욕망을 실행하는 여자다. 독창적인 플롯과 서사에 걸맞은 이미지와 사운드로 만들어진 울적한 정서는 매우 섬세하고 신랄한 동시에 끔찍하거나 음울하거나 불쾌하다. 영화는 그 속에서 멜랑콜리아의 아브젝시옹, 고통과 비참함을 아름다운 파토스로 그려 내면서, 가슴시린 카타르시스를 건네 주고, 나아가 욕망의 길을 묻게 한다.

애도의 고통과 불안의 대상

폰 트리에의 영화에는 여성 주인공이 많이 등장한다. 대표적으로 〈브레이킹 더 웨이브Breaking the Waves〉(1996)에서부터 〈어둠 속의 댄서Dancer in the Dark〉(2000), 〈도그빌Dogville〉(2003) 그리고 우울 삼부작에 이르기까지. 이들은 항상 무언가를 알거나 무언가에 저항하거나 또는 어떤 진실―특히 욕망에 관한!―을 포기하지 않는 여성들이다.

　〈안티크라이스트〉에 등장하는 주요인물은 '그녀', '그', 그리고 유일하게 이름이 부여된 어린 아들 닉, 단 세 명이다. '그'와 '그녀'를 대명사로 지칭함으로서, 자연스럽게 남성과 여성의 대표성을 부여하는 효과를 얻는다. 그녀는 오르가즘의 순간에 어린 아들을 잃는다. 프롤로그는 성과 죽음을 교차하여 보여준다. 흑백화면으로, 헨델의 오페라 《리날도Rinaldo》의 '울게 하소서Lascia ch'io pianga'가 들리는 가운데, 초고속카메라 촬영에 의한 슬로우 모션의 움직임 속에서, 그리고 물방울과 땀 그리고 창밖의 눈이 흘러내리는―그리고 어린 아들이 추락하는―대비 속에서, 압도하는 쾌락과 견딜 수 없는 슬픔이 교차한다. 역설적이지만, 대비되는 상황처럼, 이 고통스런 순간의 장면은 매우 아름답다.

그녀는 상실의 깊은 슬픔에 빠져들어 간다. 오르가즘과 아들의 죽음을 맞바꾼 그녀의 고통이 시작된다. 영화는 세 개의 챕터, 비탄grief, 고통pain, 그리고 절망despair으로 구성되어, 애도의 슬픔, 육체의 통증, 죄책의 행위를 묘사한다. 가장 먼저, 음울한 공포와 불안의 정서를 담고 있는 시각과 청각의 요소 몇 가지를 살펴보자.

첫째는 숲이다. 촬영감독은 세미다큐멘터리를 찍듯이 숲을 자연 그대로 찍으려 하였다고 하는데, 〈안티크라이스트〉가 '도그마 95' 정신을 계승하는 작은 일면이다. 이 숲은 살아 숨 쉬는 자연 자체이며, 생명과 죽음을 관통하는 두려운 대상이다. 숲 속의 인물 묘사 장면들은 정교한 컴퓨터그래픽에 의해 창조되었는데, 차가운 푸른 빛깔의 숲을 지나는 그녀의 느린 움직임은 초고속 디지털카메라의 고속촬영에 의해 만들어진 극도의 슬로우 모션의 효과에 의해 '발걸음조차 떨어지지 않는' 힘든 멜랑콜리아의 비탄의 무게를 잘 보여 준다. 이 슬로우 모션의 표현은 두 번째 작품, 〈멜랑콜리아〉에서 더욱 강력한 이미지로 반복된다. 그녀의 몸이 초록 빛깔의 수풀에 누운 채 초록색으로 변해 가며 숲에 흡

수되는 환상장면 인서트는 그녀가 자연에 압도되어 있을 뿐 아니라 자연 그 자체임을 암시하듯 보인다. 거칠고 스산하며 어둡고 칙칙한 숲은 멜랑콜릭의 고통스런 내면의 반영이며, 그녀가 처한 비참함을 드러내는 실재적 공간이다.

둘째는 자연의 사운드다. 음악감독은 자연 속에 고립된 음산함을 표현하기 위해 자연재료로 만든 악기—풀피리—의 찢어지는 듯한 소리를 이용해서 합성한 사운드를 영화 곳곳에 배치한다. 심지어 마이크를 삼켜서 녹음한, 피가 흐르는, 호흡을 하는 육체의 소리를 이용하여, 육체의 아픔에 불길한 징조를 더한다. 셋째는 불안 시퀀스. 감독은 몸속에서 따온 소리를 불안 시퀀스에 넣어서 불안의 육체적 특징을 영화적으로 극대화시킨다. 몸속의 기괴한uncanny 소리는 낯선 불쾌함 자체다. 핸드헬드 카메라의 흔들림과 접사 렌즈베이비의 저초점 이미지는 그녀의 육체의 부분들—눈, 턱, 가슴, 뒷머리—에 새겨진 불안을 기괴한 소리만큼 낯설게 그러나 날것으로 보여준다. 감독의 말처럼, '아프고 떨리고 심장이 뛰고 어지러움에 사로잡힌 육체의 이미지를 분해 해체하여', 일그러진 추상으로 만들어 낸다. 이미지와 사운드는 인간 불안의 대상, 그 실재를 낯설고 기괴하게 재창조한다. 이때 육체는 그녀가 가장 두려워하는 것의 지위에 놓인다.

사악한 것들?

상실의 슬픔에서 육체의 고통 그리고 다시 불안과 공포에 시달리는 그녀에게 심리치료사인 남편, '그'가 제안하는 치료법은 행동요법의 하나인 노출요법exposure therapy이다. 노출을 위해 그와 그녀가 찾아가는 곳은 그녀의 두려움의 대상이었던 나무, 숲,

그리고 오두막 '에덴Eden'이다. 에덴은 어린 아들이 죽기 전 그녀가 아들과 마지막으로 여름휴가를 보낸 장소이자, 인간의 슬픔과 고통, 공포와 불안 그리고 절망이 응축되어 있는, 혼돈이 지배하는 곳이다. 그녀에게 이 혼돈은 자신이 에덴에서 탐구했던 것, 즉 여성학살gynocide의 흑역사에 기인한다. 오랫동안 지속된 종교역사 속에서 여성은 악마에게로 가는 통로인데, 여성의 악마성은 비바람 같은 자연현상을 일으키며, 따라서 사악한 마녀는 처형되어 마땅하였다. 그녀는 에덴에서 발견한 그런 여성혐오의 역사에 빠져들어 자신을 마녀와 동일시하며 자학한다. 즉, 에덴, 본래적인 개념과 정확히 대척되는 악의 장소가 된다. 여성이 생명을 얻은 곳이 아닌 죽임을 당하는 장소, 행복하고 풍요한 공간이 아닌 슬프고 비참한 공간, 즉 지옥 같은 곳이다.

그녀는 에덴의 지붕으로 떨어지는 도토리 소리에서 아기의 울음소리를 들으며, 한때 아름다웠던 참나무가 죽어가는 소리라고 여긴다. 그 소리에서 예전에 들리지 않던 것을 듣게—영화에서 병리 찾기를 좋아하는 사람들은 얼른 '환각'이라고 표현할 것이다—되었는데, 그것은 죽어 가는 모든 생명의 울부짖음이다. 그녀가 자연을 사탄의 교회로, 숲과 나무를 사악한 것으로 보는 증거이다. 폰 트리에는 프로이트를 따라 마치 자연이 주는 거대한 힘 앞에서 인간의 나약함이라도 발견하듯, 그녀의 모든 고통의 정서를 자연의 사악함과 연결한다. 그녀가 그에게 "꿈을 다루지 않는 현대 심리학에서 프로이트는 죽었다"고 건네는 대사는 인간의 심리에 대해 영화가 취하는 관점—아마도 정신분석을 옹호하는—을 내포한다.

그래서일까. 그녀에 대한 행동요법은 썩 신통치 않다. 반면,

행동요법으로는 풀리지 않을, 그녀의 요동치는 성욕과 기괴한 환상장면들phantasy scenes은 그녀에 대해 더 많은 것을 알려준다. 중요하고 인상적인 환상장면은 숲속의 거대 고목 앞에서 그와 그녀가 나누는 정사장면이다. 드러난 고목의 뿌리들 사이로 인간의 팔들이 하나 둘 나타나면서 뿌리와 뒤엉켜 꿈틀거린다. 사악하고 음탕하고 스산하다. 이 나무는 에덴의 중심에 있는 섹슈얼리티와 죽음이라는 열매를 맺는 나무라고 말하는 듯하다. 상실 후에 따르는 강렬한 성욕이 상실에 대한 부정denial인 것처럼, 그녀의 성욕에 이어지는 이 환상은 인간의 근본적인 상실에 대한 격한 반항처럼 보인다. 폰 트리에는 인간 기원의 동산을 사악한 숲으로 치환시킨 구성을 통해서, 인간의 상실과 슬픔 그리고 존재에 대한 불안과 공포를 다루면서, 인간에 대한 오만과 선善으로 포장된 역사적 악행들을 신랄하게 비판한다.

거세: 비극적 평화
영화의 후반부에 등장하는 '세 거지들Beggars'은 상실의 슬픔과 죄책의 고통 그리고 절망의 요소들을 묶으면서 죽음으로 가는 길을 그려 낸다. 세 거지들은 세 동물로 묘사되는데, 사슴은 비탄을, 여우는 고통을, 까마귀는 절망을 표상한다. 이 표상은 '그'의 시점쇼트에 의한 환상장면으로 보여진다. 새끼를 자궁에 매단 채 달아나는 사슴, 자기 살을 뜯어 먹는 여우, 죽은 새끼를 쪼는 까마귀. 그의 눈에는 이들이 밤하늘의 별자리로 드러나 보이기도 한다. 사슴은 성과 (재)탄생, 여우는 종교역사 속의 사탄의 책략 그리고 혼돈의 지배, 까마귀는 죽음의 표상이다. '에덴에 이 세 거지가 나타나면 누군가 죽어야 한다'는 그녀의 예언은 자신의 우울한 고통과 그 파국적인 운명에 잘 들어맞는다. 세 거지는 상실의 절망과 자학 속에서 점차 깊은 광기에 빠져드는 그녀를 거세—그리고 죽음!—로 인도하는 에이전트agent이자, 하늘에서 온 순례자인 셈이다. 에덴, 자연, 그리고 세 거지—성, 혼돈, 죽음—는 서구사회의 기반이 되는 종교 서사에 대립하는 유비임은 두말할 필요가 없다.

The Three Beggars: The Guides from Grief to Castration and Death

	Deer - Grief	Fox - Pain	Crow - Despair
Real	loss	bodily pains	fear and anxiety
Imaginary	fawning the dead	gnawing own flesh	pecking the dead chick
Symbolic	sexuality/(re)birth	'chaos reigns'	death

폰 트리에는 이렇게 '그'의 환상을 따라 '그녀'의 죽음을 준비한다. 그녀의 광기는 먼저 그를 맷돌로 내리쳐 '거세'하고 다리에

맷돌을 달아 맨다. 그녀에게는 죄책감 없고 오만한 '치료자'인 그에게 내리는 형벌의 틀이다. 이어서 그녀는 자신의 성기를 잘라 스스로를 거세한다. 여주인공의 육체에서 직접 본을 떠서 만든 모사를 이용하여 거세를 시각화한 이 장면은 관객에겐 매우 충격적이다. 상상적 거세를 실재의 침투처럼 재현하여 유발하는 불편이다. 육체의 실재가 주체에게 전하는 불안을, 영화가 관객에게 전이하기 때문일 것이다.

그럼에도 불구하고 이 거세는 그녀에게는 평화가 된다. 거세의 장면은 내러티브와의 조화를 이루어 낸다. 거세 혹은 죽음을 통해서, 오히려 상실의 고통에서 시작된 불안과 공포로부터 해방되는 시점이다. '죽임을 당한' 그녀의 옆에는, 찾아온 세 거지가 함께 그녀의 비극적 평화를 지킨다. 그녀는 문명의 역사 속에서 학살당한 모든 여성을 대신해서 혹은 그들을 구원하기 위해서 희생한 것일까. 얼굴 없는 여성들의 혼령들이 숲을 거슬러 올라가며 에덴으로 향한다. 그 여성들도 아마 그녀를 통해 에덴에서 평화를 찾았을 것이다. 거세를 통해서야 비로소.

느림과 지연의 미

〈안티크라이스트〉의 꽉 짜인 안티-종교서사 속에서 묘사된 멜랑콜리아의 고립된 음울함과는 달리 두 번째 작품 〈멜랑콜리아〉에서 폰 트리에는 '도그마 95'를 따르는 전형적인 핸드헬드 카메라를 이용하여 인물들을 '대충' 쫓아가듯 하며 다소 '헐겁게' 찍어 낸다. 그럼에도 도입부에서 보여 주는 강렬한 컴퓨터그래픽 이미지는 영화의 시작과 끝을 압축하는 경이로운 시각적 수사법이다. 〈안티크라이스트〉에서 보여 준 극도의 슬로우 모션과도 흡사한데, 도입부의 이 장면은 영화 전체를 관통하는 주제와 플롯을 매우 효과적으로 보여 준다. 초현실주의 혹은 팝아트 그림 같은 화면 구도와 색조 속에서 스틸처럼 멈추어 선 채, 디테일에 꼼꼼하게 집착하는, 강박적 쇼트obsessional shot이다. 특히 슬로우 모션 장면들은 인물의 미세한 움직임을 한없이 느리게 묘사한다. 이런 시각적인 지연은 현실의 시간과 운동을 극도로 왜곡시킴으로서 멜랑콜리아의 실재를 드러낸다. 이에 더하여, 바그너의 오페라《트리스탄과 이졸데》의 느린 템포 '서곡'은 우울한 슬픔을 더욱 배가한다. 이런 멜랑콜릭한 영화 미학은 〈안티크라이스트〉의 거세와 죽음, 〈멜랑콜리아〉의 종말까지도 아름다워 보이게 한다.

　느림의 미학은 사실적인 핸드헬드 카메라에 의한 투박한 장면으로 교대된다. 자신의 결혼식에 참석해야 하는 신부 저스틴은 제때에 도착하지 못한다. 너무 '기다란' 리무진을 빌린 탓에 좁고 굽은 길을 통과하지 못해서다. 영화는 굽은 길 위에서 앞으로 나가지도 뒤로 후진하지도 못한 채 앞뒤로 꼼지락대기만 하는 '강박적인' 커다란 리무진을 통해, 영화의 내러티브와 인물의 심리에 '느림'과 '지연'을 장치한다. 도입부의 멈춘 장면이 움직임 자체의 지연이라면, 이 장면은 서사 혹은 의지의 지연이다. 스스로를 조롱하듯 상황을 즐거워하는 저스틴을 통해, 자신의 결혼식을 대하는 신부의 태도가 어떠할 것인지를 잘 암시한다.

타자적 쾌락에 대한 거부

결혼식은 18홀 골프장이 딸린 호텔에서 호사스럽게 열린다. 언니 클레어가 '동생 저스틴이 좋아했으면 좋겠다'며 마련한 파티이다. 촬영감독은 그런 따뜻한 분위기를 위해 노란 색조를 입혔다고 한다. 파티에는 'She', 'Fly to the Moon', 'It Never Rains in Southern California' 같은 듣기 편하고 익숙한 팝송들이 흐른다. 저스틴, 지구에 다가오는 중의적 이름의 행성 '멜랑콜리아', 그리고 다가올 종말에 대한 비유이자, 곧 무슨 일이 닥칠지도 모른 채 그저 허세만 부리는 부르주아의 모습에 대한 빈정거림이기도 하다. 이런 파티를 조롱하듯이 바라보던 저스틴의 어머니—샤를로트 램플링!—가 "나는 결혼제도가 싫다"며 한마디를 외친다. "Fucking rituals!", 번역해서 "이놈의 염병할 예식!"쯤 되는 이 외침은 허영기에 들뜬 결혼잔치를 깨트려 버린다. 이 장면은 폰 트리에의 동료 토마스 빈터베르크가 〈셀레브레이션 Celebration〉(1998)에서 아버지의 생일잔치를 제대로 망쳐 놓은 신랄한 장면을 연상케 한다.

신부 저스틴은 어머니에게 부응이라도 하듯 자신의 결혼식을 제대로 망쳐 놓는다. 웨딩케이크 커팅 시간에 드레스를 벗어던지고서 목욕을 하거나, 잔디 필드에 나가 오줌을 싸 버리거나, 같은 직장의 새내기 남자직원과 불쑥 정사를 가지기도 하고 결국엔 모든 하객들 그리고 신랑까지도 내쫓아 버린다. 저스틴은, 흔히 의례적으로는 인생 행복의 절정이자 귀족적 특권으로 받아들여졌던 의식에서, 모두가 반드시 행복해야 할 의무라도 가질 듯이 가장하는 결혼을 거부해 버린, 우울한 주체다. 자신의 결혼 자체를 향해 욕설하는 그녀의 행위는 비루한 것 앞에서의 자기비하이자, 문명의 이름으로 행해지는 허세에 대한 저항이 된다. 타자가 부여한 행복의 표상과 쾌락의 조건을 포기함으로써, 주체의 진실 즉 문명 앞에서 스스로 우울한 주체가 되기를 선택한다.

윤리적 죽음으로서의 종말

〈안티크라이스트〉에서의 세 거지들 '별자리'는 〈멜랑콜리아〉에서 지구로 다가오는 행성 '멜랑콜리아'로 치환된다. 푸른 행성 멜랑콜리아는 영화의 앞부분에 저스틴의 질문을 통해 잠시 묘사되는 전갈좌의 알파별인 붉은색 안타레스—전쟁 신의 이름이 붙은 화성의 경쟁자—와 연결된다. 촬영감독은 이를 푸른 색조로 찍어서 지구와 행성 멜랑콜리아의 충돌을 우울—blue—로 표현한다. 저스틴의 우울이 점점 깊어지는 동안 행성 멜랑콜리아는 지구에 점점 다가오고, 저스틴은, 자신이 겪고 있는 우울을 뜻하는, 멜랑콜리아를 친근하게 바라보며 동일시한다. 그녀에게 행성 멜랑콜리아는 한밤중에 발가벗고 맞이하는 신랑인 셈이며, 사악한 지구를 멈추게 할 니체적인 '죽음의 춤'이다. 죽음을 소원하는 멜랑콜릭한 주체의 말과 행동으로 넉넉히 환영할 만한 것이다.

반면 보통 사람들인 언니 클레어와 부유한 그 남편 존에게 행성 멜랑콜리아란 곧 죽음이며 두려움의 대상이다. 규범과 표준에 헌신적인 여성 클레어는 멜랑콜리아의 근접과 다가올 종말을 심히 두려워한다. 반면 오히려 우울에서 회복되어 가는 저스틴을 '가끔 죽도록 미워'한다. 여러 수단으로 그 공포를 줄여 보려 노력하지만, 저스틴은 그들의 행위를 쓸데없는 짓, "똥 덩어리_{a piece of shit}"라고 일갈한다. 흔히 자기를 비하하는 멜랑콜릭이 스스로를 똥 덩어리로 전락시키는 점을 연상한다면, 〈멜랑콜리아〉에서 진정한 멜랑콜리아는 누구인가? 저스틴인가 죽음의 행성인가 아니면 죽음이라는 진실을 어떻게든 외면하고픈 그들 보통 사람들인가?

오히려 저스틴에게는 행성 멜랑콜리아 즉 죽음을 제대로 맞이하는 일이 중요하다. 달아날 수 없는 행성의 충돌 앞에서 무기력한 인간의 움직임은 영화 도입부의 그래픽 슬로우 모션 장면에 잘 나타나 있다. 특히 클레어가 아들을 안은 채 마치 늪에 빠진 듯이 골프장 잔디에 발을 묻은 채 멈추어 선 곳은 남편 존이 자랑하던 골프장 필드인데, 홀의 깃발에는 숫자 '19'가 적혀 있다. 인간의 힘이 미치지 못하는, 이미 현실을 넘어선 곳이다.

문명 속에서 지쳐 있는 보통의 사람들은 죽음을 두려워 억압하면서, 현실의 허위와 타협하여 받아들일 만한 자아의 위상을 만들어 내고, 그것에 헌신하며 기대어 삶을 지탱한다. 거기서 추구하던 쾌락이 실패하면, 우울이라는 이름을 붙여 고통의 구실을 찾는다. 때로 우울은 스스로 목숨을 끊는 행위로 이행되기도 한다. 사실 그런 우울은 애초에 상실한 주이상스에 대한 미련에 다름 아니다. 반면 우울이 문명과 세상을 다르게 바라보는 주체 인식의 태도이며, 상실한 것에 대한 승인과 잃을 것에 대한 수용 그리고 여기서 생겨난 슬픔이라면, 우리는 저스틴의 우울에서 오히려 윤리적 태도를 발견할 수 있지 않은가. 그런 점에서, 저스틴이 언니와 조카의 손을 맞잡은 채 아름답고 용감하고 당당하게

죽음을 맞이하는 종말의 모습은 진정 윤리적이다. 가슴 시리게 하는, 벅차오르는 카타르시스다.

외설처럼 그러나 욕망에 대하여

폰 트리에의 우울 삼부작 세 번째 작품 〈님포매니악〉은 1, 2부로 나뉜 5시간 30분의 긴 영화다. 불편함과 진지함과 우스꽝스러움을 넘나들며 펼쳐지는 넓은 성 담론으로, 8개의 각 챕터마다 여주인공 조의 성sexuality에 관한 인생이 담겨 있다. 육체와 그 부분의 거리낌 없는 노출을 넘어서 간간이 끼워 넣어진 하드코어적인 장면들은 '놀람'을 유도하기에 부족함이 없다. 하지만 초자아적인 포르노그래피적 시선에의 강요는 없다. 전작 〈백치들 Idioterne〉(1998)에서도 의도되었던, 갑작스런 '실재의 침투'는 〈안티크라이스트〉에서와 마찬가지로 내러티브와의 균형을 갖추고 있다. 관객의 성적인 고조를 의도하기보다는 '마치 시리얼을 먹는 것과 같은' 일상적인 행동으로 보이게 하면서, 유쾌하게 현대 사회와 문명의 위선을 조롱하며 거침없이 노골적으로 성 담론을 펼쳐 나간다. 여주인공 조의 '하룻밤의' 성 이야기를 학식 있는 셀리그먼의 위치에서 들어보라는 듯이, 말 겨루기라도 해보자는 듯이.

　이미지의 스타일은 우울한 만큼 느려터진 쇼트들을 보여 주었던 앞의 두 영화와는 매우 다르다. (분명 폰 트리에가 우울증에서 벗어났다.) 오히려 비교적 빠른 화면 전환을 통해서 성에 관한 갖가지 의문을 일으키려는 듯 히스테리 쇼트hysterical shot를 많이 사용한다. 화면상에는 문자와 기호, 숫자와 수식, 도식과 그림들이 겹치기도 하고, 다양한 인서트—성적 함의를 지닌 동물들이나 다큐멘터리 영상을 포함하여—들이 삽입되거나, 감정을 분할하는 이질적인 이미지—하드코어와 비성적인asexual 사물—들이 분할된 화면에 동시에 배치된다. 이런 이미지들은 인물의 생각과 심리의 투영 그리고 영화 수사학적인 디테일이 된다. 음악은 영화의 구성과 인물의 정서나 행위에 따라 표현되는데, 예를 들면, 조의 어린 시절 성적 유희에는 쇼스타코비치의 《재즈 오케스트라를 위한 모음곡 왈츠 2번》, 영화를 관통하는 우울한 정서에는 프랑크의 《바이올린과 피아노를 위한 소나타 A장조》, 그리고 내러티브의 전환과 세상을 향한 거센 반격에는 람슈타인의 《Führe Mich》 등이 적소에 사용되어 이미지에 부응한다.

〈님포매니악〉의 우울은 조의 욕망의 위기로부터 제기된다. 그것은 거세된 주이상스에 대한 주체의 대응으로부터 시작된다. 성적인—혹은 남근적인—주이상스에 대한 탐구와 오르가즘—주이상스—의 상실에 대한 저항 그리고 욕망을 향한 고통스런 인생 여정으로 드러난다. 거기엔 '이기적인' 색정증이라는 자기비난과 자신의 욕정이 주변을 파멸시켰다는 죄책이 함께 깔려 있다. 다른 각도에서 보면, 우울의 정서를 끌고 가는 내러티브 속의 하드코어 이미지는 오히려 관습적인 쾌락만을 명령하는 지배 가치를 향해 던지는 독설이 된다. 문명의 질서와 도덕은, 성욕으로 표상되는 반항과 공격에 대해 공감하고 이해할 듯이 위로와 용서를 내세우지만, 가장된 위선의 헛된 노력에 불과하다. 따라서 욕망하는 주체에게는 아무런 효력이 없다. 영화의 플롯을 구성하는 이 대립은 두 인물 조와 셀리그먼이 주고받는 대화와 시선에 잘 드러나 있다.

남근적 사회의 주이상스

성에 대한 조의 태도와 행위는 영화의 중추를 이룬다. 조에 따르면, 자신은 "섹스를 밝힐 권리를 추구하며, 사랑 지상주의 사회에 대해 반항"한다. "에로틱한 세계는 솔직하지만, 사랑은 질투심 섞인 욕정이며 거짓으로 포장된 싸구려 본능"이다. 우연 같은 세 번의 인연에 의한 남자 제롬과의 사랑이 그렇다. 그에게 처녀성을 주지만 수치심을 얻고, 그와 가족 관계를 이루지만 조의 성적인 만족은 없다. 사랑의 모든 귀결이 그렇듯이, 결국엔 그를 향한 증오에 빠지게 된다. 조는 한동안 사랑을 '섹스의 묘약'으로 받아들이기도 하지만, 궁극에는 사랑을 거부한다. 그녀의 성욕의 중심에는 남근phallus이 있다. 조가 "내 모든 구멍을 메워 줘"라고 요청하는 상상적인 것 말이다.

남근은 영화에 상상적인 이미지로, 시니피앙으로, 그리고 실재적인 침투 속에 층층이 구성되어 있다. 조는 남성 성기의 형태를 나뭇잎의 다양한 형태학—다양한 남성 성기 사진들을 조의 시점으로 보여 준다—에 빗대지만, 자신에게는 단 '하나'가 있을 뿐이라고 말한다. 조에겐 모든 것이 남근적인 기능을 갖는다. 심리치료사가 섹스를 연상하게 하는 물건들을 일상 속에서 제거해 보라고 한 지시에 따르니, 삶의 공간에는 아무것도 남지 않았다. 조에겐, 모든 사물이 성적—남근적—인 것이다. 남근적 쾌락을 잃어버린 조가 찾아간 피학-가학적 경험에서도, 욕망을 되찾기 위한 모험의 중요한 매개는, 거세를 방어하는 페티시 즉 남근적인 채찍—영화의 포스터에 잘 표현되어 있다—이다. 물론 초자아의 가학성을 향한 이런 우울한 피학성은 자신을 구원해 줄 타자를 향한 요구가 된다. 이 관계에서 자신의 요구에 대답을 얻었다고 여긴 조가 자신의 삶의 궤적을 바꾸기로 한 작정은 비로소 우울을 벗어나 욕망을 쫓겠다는 결정과 같다. 마치 남근의 결여에 대한 깨달음 같다.

조에게 색정증은 다양한 성경험의 총합인데, 그것은 "다양한 사람과 악수하는 행위와 같은 것"이다. 반면 사회는 이 색정증을 향하여 비난을 퍼붓거나 혹은 감상적으로 동정한다. 집단 심리 치료 장면은 성에 대한 사회의 표준적 관점을 잘 보여 준다. 조의 성적 일탈에 대해 직장상사는 성욕을 없애는 집단치료를 명령하고, 심리치료사는 자신을 색정증이라고 소개하는 조에게 '섹스 중독자sex addict'라고 부르도록 강요한다. 색정증은 과연 '섹스 중독증'이라는 질병의 이름으로 붙여질 수 있는 것일까? 조는 자신을 '이해한다'고 말하는 심리치료사를 향해 "사회의 도덕을 지키는 경찰 같은 존재, 세상에서 욕정을 없애는 게 임무이며, 그렇게 부르주아들의 비위를 맞추지!"라고 외친다. 조는 가족과 친구에 대해 기계적이고 취조하듯 묻는 상담사의 기계적인 '정보 상담'도 박차고 나와 버린다. 이어지는 조의 삶은 질서와 규범을 벗어난다. 마치 우울을 역전시킨 조증mania처럼, 억압들 속에서 우울을 넘어서는 것들을 찾아간다.

폰 트리에는 사회적으로 용인된 표준 행동을 지향하는 심리 치료에 대해 비판적으로 묘사한다. 이는 〈안티크라이스트〉에서 행동치료를 무능한 것으로 묘사한 관점과도 맥을 같이한다. 어쩌면, '공감적인' 치료자이기라도 한 듯이 조의 이야기를 듣고 있는 셀리그먼에 대한 비판도 함축하고 있을 것이다. (그런 점에서 폰 트리에의 영화들은 오히려 정신분석 담론에서 사유의 폭을 넓힐 수 있는지도 모른다.) 사실 인간을 특정한 표준에 짜 맞추려는 틀에 갇힌 모든 '치료적' 행위들에는 주체와 욕망을 위한 자리가 없다. 조는 규범적 가치 속에서 사회가 사람들을 돕는 방식이 어떻게 가식이 되는지를 보여 준다. 인간의 특성은 위선이며, 사회의 기반은 증오이고, 세상에서 가장 자연스러운 행위는 살인이라고 논박하는 조에 비해 아동성애, 인종주의, 시대의 독재자에 관한 비판을 통해 인간성과 사회를 강조하는 셀리그먼의 방어는 훨씬 우회적이고 세련되며 '표준적'이다.

상징적 구조물들

조가 성 담론을 펼쳐 놓는 동안 셀리그먼은 줄곧 지식으로 자기만의 부연을 더한다. 그의 참견은 피보나치수열로 시작하여 수학, 음악, 종교, 문학, 철학, 역사 등으로 줄곧 이어지다가 다시 피보나치수열로 끝맺는다. 그러나 조에겐 이런 지식은 위선이고, 문명의 궁색한 변명이자, 공허한 의미화일 뿐이며, "뻔하고 진부한 위로"에 불과하다. 조가 성에 대해 '공부'했다고 말했을 때, 셀리그먼은 '교복 입은 여학생' 조가 교실에서 문구류들을 이용해 벌이는 자위를 상상한다. 이 장면은 셀리그먼의 이중성을 잘 보여 준다. 그는 지식 속에 숨어서, 조의 경험을 자신의

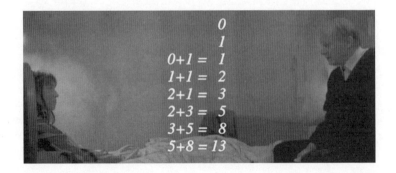

상상으로 바꾸어 만든 환상 속에서 은밀히 즐긴 셈이다.

셀리그먼은 책과 문자에 대한 열정을 가졌지만, 문자가 공허한 것이라 고백하기도 한다. 그는 섹스에는 관심이 없으며, 성에 관한 문학작품들을 읽기는 하였는데 성욕 때문이 아니라 문학적 즐거움 때문이었고, 성에 관한 편견과 선입견이 없으며 객관적이라고 한다. 따라서 자신은 무성적asexual이라고 주장한다. 그럼에도 잠든 조를 대상으로 치졸하고 폭력적인 방식으로 조의 육체를 탐하는데, 지식 속에 은폐되었던 위선은 거기서 극치에 달한다. 영화는 셀리그먼을 통해서 사회의 기반, 보편적 상식, 폭력적 남성의 표본 그리고 지식의 허위를 폭로한다. 조가 셀리그먼의 방에 있던 물건들을 단서로 담론의 장을 펼쳤다면, 치료자 같은 자세로 경청하던 그—물건들의 소유자—는 그저 위선적인 욕정에 휘둘리는 남근적인 주체에 다름 아니다.

조는 자신이 벽에 컵을 던져 만든, '권총' 생김새를 닮은 홍차의 얼룩stain, 즉 그 공간에 유일하게 자신이 만든 이미지를 물화하여, 권총—이라는 남근적 표상—으로 남근적 폭력을 처단한다. 조가 만든 죽음의 얼룩이 셀리그먼의 공간에 구성된 모든 지식의 시니피앙과 그 의미를 무화시켜 버리는 순간이다. (남근적인 권력의 위선을 제거하는 것일지도 모르겠다.) 불이 꺼지고, 그의 집에서 탈출하는 조의 움직임만 소리로 들리는 한동안의 암전은 마치 '문명의 세계에 아무것도 남겨지지 않았다'고 주장하는 듯하다.

욕망의 길

조는 색정증에서 탈출할 길을 찾는다. 그 길은 (욕정이 아닌) 욕망의 길이어야 할 것이다. 영혼 나무의 발견이 계기가 된다. 12

세 때 소풍에서 처음으로 오르가즘을 느꼈던 그 산에서 영혼 나무를 발견하는 순간 카메라도 함께 멈추고, 조는 나무를 한동안 바라본다. 조는 굽어진 그 나무를 기형deformed 나무라 부르며 자신과 동일시한다. "나무가 휘는 것은 햇빛을 더 받기 위해서"라는 어린 시절 아버지의 가르침과 조가 인생에서 바랐던 것이 이 나무에서 일치했기 때문 아닐까. 타인과 다른 딱 한 가지, "노을로부터 더 많은 것을 바랐던 것, 해가 질 때 더 찬란하기를 바랐다"는 조의 표현처럼 말이다.

조가 욕망을 포기하지 않는 길을 갈 것인지는, 조 역의 여배우 샤를로트 갱스부르가 부른 엔딩 크레딧의 팝송,《Hey Joe》에 드러난다. 외도한 여자 친구에게 총을 쏘고 도망가는 남자에 관한 가사의 지미 핸드릭스 버전을 여자의 위치로 '뒤집은' 버전이라고 할까. 그렇게 〈님포매니악〉은 자극적인 성 담론으로부터 출발하여 문명을 비판하고 뒤집고 금기에 도전하는 이야기가 된다.

라스 폰 트리에의 우울 삼부작은 상실과 애도, 멜랑콜리아, 우울의 위치에서 그리고 그 고통의 수준에서 인간과 문명에 관한 많은 것들을 탐구한다. 자신의 영화적 스타일을 이어 가면서, 실험적인 프레임과 구도, 외설적인 장면들과 괴팍한 이야기들, 때로는 어둠의 아름다움까지도 보여 주는 이미지, 그리고 헨델, 바그너, 람슈타인의 음악과 함께. 종교, 과학, 지식과 문명을 축으로, 멜랑콜리아로부터 욕망으로 사유를 이어 간다.

영화의 도발적인 담론들은, 종교적으로나 역사적으로나 규범적으로나, 보통사람들을 불편케 하거나 금기시하는 것들을 향하고 있다. 아프고 외롭고 역겨운 어두운 것을 통해서 밝은 곳의 거짓과 허세와 위선을 몰아낸다. 예술의 차원에서 일어나는 우울의 윤리다. 하지만 사람들은 자아의 도움으로 쾌락을 추구하고, 또 행복이라는 구실 속에서 '즐겨라!'라고 명하는 초자아의 명령에 순순히 따르면서, '그', 클레어, 그리고 셀리그먼의 자리에 머물기를 원하지 않을까. 아마도 그들에게 폰 트리에의 영화는 나쁜 영화일 테다. "사람들은 나쁜 이야기를 좋게 말하면 치켜세우고, 좋은 이야기를 나쁘게 말하면 조롱한다."는 조의 대사는, 영화에 대한 세상의 태도를 에둘러 표현하는 폰 트리에 자신의 조소가 아니고 무엇이겠는가. 라깡의 관점으로 볼 때, 멜랑콜리아가 주이상스를 포기하지 않은 채 욕망에 대한 도덕적인 나약한 위치를 취한다면, 그것은 비윤리적이다. 반면 우울을 통해 세상을 새로운 방식으로 보며 주체를 재-위치시키는 일은 윤리적인 행위다. 그런 의미에서, 라스 폰트리에의 우울 삼부작은, 우울의 부도덕성을 성토하고, 멜랑콜리아의 위치에서 고통의 아름다움을 찾으며, 불편한 담론인 욕망에 윤리적 지위를 부여하는, 아픈 영화이다. 그것은 아브젝시옹의 영화미학이다.